中经管理文库
管理学精品系列

高管股权激励合约、控股股东股权质押与资本结构动态调整

基于代理冲突视角

EXECUTIVE EQUITY INCENTIVE CONTRACTS, CONTROLLING SHAREHOLDER'S SHARE PLEDGING AND DYNAMIC ADJUSTMENT OF CAPITAL STRUCTURE

FROM THE PERSPECTIVE OF AGENCY CONFLICT

侯　丽◎著

中国经济出版社
CHINA ECONOMIC PUBLISHING HOUSE
·北京·

图书在版编目（CIP）数据

高管股权激励合约、控股股东股权质押与资本结构动态调整：基于代理冲突视角／侯丽著. --北京：中国经济出版社，2023.12

ISBN 978-7-5136-7307-5

Ⅰ. ①高… Ⅱ. ①侯… Ⅲ. ①公司-股权管理-研究-中国 Ⅳ. ①F279.246

中国国家版本馆 CIP 数据核字（2023）第 082945 号

组稿编辑 葛 晶
责任编辑 焦晓云
责任印制 马小宾
封面设计 任燕飞

出版发行 中国经济出版社
印 刷 者 北京艾普海德印刷有限公司
经 销 者 各地新华书店
开 本 710mm×1000mm 1/16
印 张 12.25
字 数 213 千字
版 次 2023 年 12 月第 1 版
印 次 2023 年 12 月第 1 次
定 价 88.00 元
广告经营许可证 京西工商广字第 8179 号

中国经济出版社 **网址** www.economyph.com **社址** 北京市东城区安定门外大街 58 号 **邮编** 100011
本版图书如存在印装质量问题，请与本社销售中心联系调换（联系电话：010-57512564）

序言
PREFACE

1958年Modigliani和Miller提出MM定理以后，资本结构理论衍生出权衡理论（包括动态权衡理论和静态权衡理论）、代理成本理论、优序融资理论和市场择时理论等多个分支。国内外有关学者从不同角度对公司资本结构的选择、变动规律及影响因素等进行了探讨。近年来，动态权衡理论得到许多学者的认同和支持，逐渐成为资本结构研究的主流逻辑框架。

动态权衡理论认为，公司存在一个最优的资本结构，它不仅反映公司价值与风险之间的最优匹配，也是价值最大化的外在表现。当实际资本结构偏离最优值时，公司有动机将其调整至最优状态，但是由于调整成本的存在，许多公司会选择进行部分调整。后续学者从企业内部特征和外部宏观环境出发，探索哪些因素会影响调整成本，但他们却忽略了股东和管理者之间以及控股股东和中小股东之间的代理冲突对资本结构动态调整的影响。

目前，基于代理冲突视角考察资本结构动态调整影响因素的研究已经展开，但很少有学者探讨高管股权激励合约和控股股东股权质押这两种因素。本书结合中国沪深A股上市公司样本数据，深入研究高管股权激励合约、控股股东股权质押以及两者交互作用对资本结构动态调整的影响，以丰富委托代理问题对公司资本结构决策影响的相关研究。

本书共七章内容。第一章，绪论，先阐述研究问题及研究意义，并对涉及的重要概念进行界定，然后介绍研究思路、研究方法、研究内容以及研究创新；第二章，基本理论与文献综述，先阐述现代资本结构理论、代理成本理论、控制权理论和激励相关理论等，而后对资本结构动态调整影响因素和控股股东股权质押相关研究进行梳理和述评；第三章，概括中国上市公司资本结构调整现状；第四章，基于第Ⅰ类代理冲突，研究高管股权激励合约与资本结构动态调整之间的关系；第五章，从第Ⅱ类代理冲突出发，探讨控股股东股权质押对资本结构动态调整的影响；第六章，基于双重代理冲突视角，分析控股股东股权质押和高管股权激励合约交互作用对资本结构动态调整的影响；第七章，系统总结全书研究结论，并提出对策建议，最后阐述研究局限和研究展望。

本书的主要结论是：

（1）股权激励合约的实施能够激发高管调整资本结构的意愿，对我国上市公司资本结构调整速度的提升有显著促进作用。在股权激励合约条款中，行权条件越高、有效期越长、股权授予比例越大、限制性股票约束性越强，越能促使管理者加快资本结构向目标水平调整的速度。高管股权激励合约对资本结构动态调整的促进作用主要依赖增加借款和偿还债务方式。区分调整方向后，高管股权激励合约会加快资本结构向上或向下调整的速度，降低资本结构调整的不对称性；相对于国有上市公司，非国有上市公司高管股权激励合约对资本结构调整速度的积极影响显著有效。

（2）控股股东股权质押后对上市公司实施的风险行为，会导致潜在资本供给者索要更高的风险溢价，从而增加资本结构调整成本，降低资本结构调整速度。控股股东股权质押对资本结构动态调整的负向影响主要通过增加借款、发行股票以及偿还债务方式实现。区分调整方向后，控股股东股权质押会减慢资本结构向上或向下调整的速度，导致资本结构调整不对称程度增加；相对于国有上市公司，非国有上市公司控股股东股权质押后面临的控制权转移风险更大，对资本结构动态调整产生的负向影响更大。

（3）控股股东股权质押期间，为获得高管对其风险性行为的支持，不大可能在股权激励效应实现的过程中行使有效监督和管理，从而会削弱股权激励合约的有效性，故两者的交互作用将会降低公司实际资本结构趋向目标水平调整的速度。进一步分析公司治理约束机制后可知，内部股权制衡机制无法抑制控股股东股权质押和高管股权激励合约交互作用对资本结构调整速度的负向影响，但外部媒体监督机制通过信息传播效应和揭露功能能够抑制控股股东和高管的机会主义行为，从而缓解双重代理冲突，弱化控股股东股权质押和高管股权激励合约交互作用对资本结构动态调整的负向影响。

本书识别出股权激励合约是缓解股东和管理者之间代理冲突的有效机制之一，有助于推动资本结构优化调整。以股权质押为切入点，实证检验控股股东股权质押及其与高管股权激励合约交互作用对资本结构动态调整的影响，将控股股东和中小股东的代理冲突以及双重代理冲突纳入动态权衡理论模型框架，深化了资本结构动态调整的研究内容，具有一定的理论意义和实践价值。

目录
CONTENTS

第一章 绪论

一、研究背景和问题提出

（一）研究背景

当前中国经济正处于增长放缓和结构调整的过程中，面临较大金融风险。在经济快速增长时期，实体经济积累了较高的杠杆率[①]，这种融资模式曾给投资者带来较高收益，但当经济增速放缓或者下滑时，杠杆效应的负面作用开始显现，风险被迅速放大。整体来看，中国实体经济的高杠杆与制造业的庞大产能和房地产行业的庞大库存相对应。金融危机爆发后，由于国内和国外需求强劲，实体经济用高投资形成的高产能得到了相对充分的利用，从而产生巨大利润。近年来，随着内外需求的持续走弱，过剩产能成为公司的顽疾，高杠杆的弊端日益凸显。

为了防止高杠杆产生的金融风险，2015 年底，中央经济工作会议将“去杠杆”作为国家供给侧结构性改革的重要内容之一。“去杠杆”的目标是降低公司负债率，同时清理“僵尸企业”，引导金融资源流向效率更高的公司。我国“十三五”规划明确提出，积极培育公开透明、健康发展的资本市场，提高直接融资比重，降低杠杆率。目前，中国实体经济正面临着去杠杆化的选择。实体经济的去杠杆化实质上就是公司财务管理领域的资本结构优化问题，而资本结构动态调整是资本结构优化的必然过程。“去杠杆”的过程仅强调过高的资产负债率容易引发经营危机，加剧公司陷入财务困境的风险，但资产负债率过低也意味着公司未充分利用债务的税盾收益，同样有损公司价值提升。

基于动态权衡理论，公司存在一个最优的资本结构（Fischer and Zechner，1989；Hovakimian，2001），实际资本结构低于或者高于目标值，都是资本结构不合理的表现，也说明公司未树立目标资本结构意识。只有进行资本结构

---

① 杠杆率：负债占 GDP（国内生产总值）的比率。

优化调整，促进实际资本结构趋向目标水平调整，才能降低财务困境风险、提升公司价值。公司治理是影响企业融资决策的重要因素。在当前的经济背景下，探讨公司治理对中国上市公司资本结构动态调整的影响，不仅可以从理论上充实资本结构研究成果，还有利于公司优化资本结构，进而提高资本配置效率，具有一定的现实意义。

（二）问题提出

资本结构决策是公司财务决策的核心组成部分，也是各项财务活动结果的体现。公司实际资本结构在趋向目标水平调整的过程中会受到调整成本的影响，因而有些公司仅进行了部分调整（Leary and Roberts，2005；Flannery and Rangan，2006）。大量学者从公司规模、成长能力和现金流等公司特征（Drobetz and Wanzenried，2006；Faulkender et al.，2012），宏观经济状况（Cook and Tang，2010），制度环境（Öztekin and Flannery，2012），以及市场化进程（姜付秀、黄继承，2011）等方面出发，间接衡量调整成本对资本结构动态调整的影响。但是，他们忽略了委托代理问题，无法解释一些与动态权衡理论不符的现象，如资本结构低于最优水平、调整速度低于预期、资本结构调整不对称等。本书研究高管股权激励合约和控股股东股权质押以及两者交互作用对资本结构动态调整的影响，从代理冲突的角度探索这种现象产生的原因。

经营权和所有权分离引发的股东与管理者代理冲突（第Ⅰ类代理冲突），使得管理者缺乏动机将实际资本结构趋向最优或者目标水平调整（Morellec et al.，2012）。激励合约作为缓解股东和管理者之间代理冲突的有效机制，已得到学术界和实务界的广泛认同。现有研究更多关注经理薪酬激励对资本结构动态调整的影响（黄继承 等，2016；谢辰 等，2019）。股权激励方面的研究仅考察高管持股在资本结构动态调整方面的作用（盛明泉 等，2016），没有从设计股权激励合约的角度，探讨高管股权激励合约及其条款对资本结构动态调整的影响。为了弥补现有研究的不足，本书实证检验高管股权激励合约有无以及合约中行权条件、有效期、股权授予比例和激励方式等条款对资本结构动态调整的影响。

在股权集中背景下，控股股东与中小股东之间存在明显的利益冲突，即第Ⅱ类代理冲突（La Porta et al.，1999；Johnson et al.，2000），控股股东利益侵占行为会导致资本结构决策不合理（Lin et al.，2013；肖作平，2010）。在控股股东如何影响资本结构动态调整的研究中，仅有个别学者（Lepetit et al.，2015；邹萍、厉国威，2016）使用控股股东控制权和现金流权分离度指标，从上市公司角度间接推断其利益侵占动机。真正能反映控股股东动机的是其财务及经营状况，如控股股东将股权质押给银行等金融机构，可以反映出他们资金紧张且融资能力有限等财务状况，据此可以更为直接地衡量控股股东可能的掏空倾向（郑国坚 等，2014）。与其他质押物不同，控股股东质押的股权受上市公司股价波动的影响，很可能衍生出控制权转移风险。为防御这种风险，控股股东通常采用信息操纵、盈余管理、税收规避等方式影响股价（李常青、幸伟，2017；谢德仁、廖珂，2018；王雄元 等，2018），其行为导致的经济后果却由全部股东承担，从而加剧了控股股东和中小股东之间的利益冲突。

控股股东股权质押引发的道德风险很可能扭曲公司的治理机制，加重公司的代理问题，且质押比例越高，控股股东和中小股东之间的代理问题越严重（Yeh and Ko，2003）。因此，本书以股权质押为切入点，将控股股东与中小股东的代理冲突以及双重代理冲突纳入动态权衡理论模型框架，检验控股股东股权质押及其与高管股权激励合约交互作用对资本结构动态调整的影响，深入探讨委托代理问题对资本结构决策的影响。

二、研究意义

（一）理论意义

第一，调整成本是决定资本结构动态调整的重要因素。从代理冲突视角实证检验高管股权激励合约和控股股东股权质押以及两者交互作用对资本结构动态调整的影响，可以间接测度股东和管理者、控股股东和中小股东以及双重代理冲突引起的调整成本变化，有助于发挥公司治理内部因素在动态权衡理论研究中的重要作用，推动动态资本结构模型改进。现有文献大多从静态视角考察高管股权激励与资本结构的关系，而从动态视角探索高管股权激励合约对资本结构调整速度影响的规律，有助于扩大研究范畴。以股权质押为切入点，研究控股股东行为对资本结构动态调整影响的规律，能够更为直接地衡量控股股东的利己行为。本书把高管股权激励合约和控股股东股权质押纳入资本结构动态调整影响因素体系，有利于全面地理解资本结构变化规律，为寻找中国资本结构调整速度较慢的治理性因素提供经验证据。

第二，丰富了股权激励理论并拓展了控股股东股权质押经济后果。以往研究大多将股权激励合约作为一个整体，探讨公司治理相关问题。本书实证检验股权激励合约条款（行权条件、有效期、股权授予比例、激励方式等）对资本结构动态调整的影响，丰富了股权激励效应影响因素的研究，对股权激励实施效果的改善具有重要参考价值。已有研究从资金占用、盈余管理、信息操纵、税收规避等方面考察控股股东股权质押后的掏空动机或防御控制权转移风险动机对上市公司的影响。本书从公司资本结构动态调整角度考察控股股东进行股权质押后，其利己动机对上市公司投融资决策的影响，拓展了控股股东股权质押产生的经济后果。

（二）现实意义

第一，对优化公司资本结构具有重要的现实意义。高管股权激励合约能够促使管理者积极调整和优化资本结构：当实际资本结构高于目标水平时，“去杠杆”可以降低破产风险并缓解负债利息压力；当实际资本结构低于目标水平时，则负债会发挥相机治理作用。通过资本结构的向下和向上调整，可最终缩小资本结构偏离目标程度，提升公司价值。因此，利益相关者应当积极鼓励上市公司实行股权激励，设计合理的股权激励合约条款，促使管理者加快调整资本结构。

第二，对完善公司治理机制具有重要的现实意义。股权激励合约既是优化公司资本结构的重要机制，也是缓解股东与代理人之间利益冲突的治理机制。控股股东股权质押会降低资本结构调整速度。此外，进行股权质押的控股股东通过股权激励合约协同高管利益，为其掏空和防御控制权转移风险行为提供了方便，导致公司治理机制扭曲。因此，监管部门应识别控股股东股权质押比例过高所产生的不良经济后果，预防控股股东扭曲公司治理机制的行为，加强公司信息披露管理。

第三，对公司通过外部媒体渠道优化资本结构具有重要的现实意义。媒体报道通过信息传播效应和揭露功能形成舆论压力，约束控股股东和高管的机会主义行为，有助于提高资本供给者与上市公司之间的信息透明度，从而弱化控股股东股权质押与高管股权激励合约交互作用对资本结构动态调整的负向影响。媒体监督可以作为弥补正式法律制度不完善、公司信息披露不充分的一种有效的外部治理机制。

三、重要概念界定

（一）代理冲突

代理冲突是指因委托人与代理人追逐的利益目标相悖而产生的矛盾。委托人追求投资收益最大化，而代理人追求自己工资津贴收入、在职消费和闲暇时间的最大化。委托人和代理人之间存在信息不对称——代理人拥有公司内部信息，处于信息优势地位，而委托人处于信息劣势地位。在双方利益目标不一致和信息不对称情形下，若公司没有合理的治理机制约束代理人，那么代理人利益目标的实现将会损害委托人利益。现代公司存在的主要代理冲突可以分为两种：一是股东和管理者之间的代理冲突；二是控股股东和中小股东之间的代理冲突。

20 世纪 30 年代，Berle 和 Means（1932）提出经典的委托代理问题，对股东权益理论和利润最大化假设提出挑战。公司面临的重大问题包括股东如何让管理者将实现的经营利润返还给他们，如何保证管理者以股东最大化为原则进行经营决策，如何有效控制和约束管理者行为，等等。委托代理理论的核心是委托人如何设计一个最优治理结构或一套治理机制来保证代理人以委托人利益最大化为原则行事。股东和管理者之间的代理冲突，也被称为“第Ⅰ类代理冲突”。

在股权结构集中背景下，控股股东持有公司大多数股份，拥有控制权且能够作出重大经营决策。大多数持有较少股份的中小股东由于与控股股东之间存在严重的信息不对称，很容易被控股股东以各种形式侵害。控股股东和中小股东代理冲突的根源在于控股股东想要获取控制权私有收益，但又不与其他股东分享。控股股东私有收益的概念由 Grossman 和 Hart（1988）提出，是指控股股东利用控制权为自己谋取利益，如利用关联交易将上市公司的资源转移到自己旗下公司、非法占用上市公司资金、为自己旗下公司提供担保等。Johnson 等（2000）将控股股东利用上述方式侵占其他股东利益的行为称为“隧道挖掘”或“掏空”。随着 1997 年亚洲金融危机的爆发，东亚国家很多公司内部股权结构和运作过程被曝光，控股股东和中小股东之间的冲突引起广泛关注。学者们经过研究，发现很多规律性的成果，还发现控股股东和中小股东之间的代理冲突不仅存在于亚洲，在其他地区也客观存在着。控股股东和中小股东之间的代理冲突，也被称为“第Ⅱ类代理冲突”。

中国公司的股权结构相对集中，控股股东和中小股东之间的代理问题同样突出，而公司高管并非全由控股股东委任或者指派。随着市场经济的发展，越来越多的高管由职业经理人担任，公司也因此面临越来越多股东和管理者之间的代理冲突。针对这种情况，中国学者冯根福（2004）提出双重委托代理理论，其核心是如何设计最优的治理结构和治理机制，既能使管理者以股东利益最大化为原则行事，又可以有效防止控股股东侵占中小股东利益。当公司同时存在股东和管理者之间的代理冲突以及控股股东和中小股东之间的代理冲突时，称为双重代理冲突。

（二）资本结构动态调整

资本结构动态调整是指当实际资本结构偏离最优或者目标水平时，公司通过多种调整方式将资本结构趋向目标水平调整的过程，调整速度的快慢由调整成本决定。由于公司经营过程受到随机事件或者其他因素的影响，资本结构不可避免地会偏离其目标值。一个以价值最大化为目标的公司不会让资本结构长期偏离目标水平，在其动态发展的过程中，会采取多种调整方式不间断地调整资本结构，使其接近目标水平。因此，资本结构与目标水平之间的关系呈现“偏离—趋近—再偏离—再趋近”的动态变化特征。在外部环境、公司基本面等情况一定的条件下，即资本结构“调整能力”一定时，资本结构趋向目标水平调整的速度越快，达到目标水平所耗用的时间越短。资本结构决策越优，越有利于公司价值的提升。

通过资本结构趋向目标水平调整的速度快慢，可以间接测度资本结构决策的好坏。当目标资本结构大于实际值时，公司应通过增加借款或者减少权益的方式向上调整资本结构，资本结构向上调整的快慢被认为是资本结构向上调整的速度；当目标资本结构小于实际值时，公司应通过偿还债务或者增加权益的方式向下调整资本结构，资本结构向下调整的快慢被认为是资本结构向下调整的速度。由于调整成本的存在，资本结构向上调整的速度很可能不等于资本结构向下调整的速度，从而呈现出资本结构调整的非对称性。

（三）股权激励合约

股权激励合约是指公司董事会在股东大会授权下，代表股东与激励对象签订协议。中国证监会2016年发布的《上市公司股权激励管理办法》将股权激励定义为“上市公司以本公司股票为标的，对其董事、高级管理人员以及其他员工进行的长期性激励”。当激励对象完成业绩目标或因业绩增长导致公司股价提升时，激励对象可以在规定时间内（行权期），以事先约定的价格（行权价）购买一定数量的本公司流通股票（行权）。股权激励的绩效考核指标包括公司的业绩指标和激励对象个人的绩效指标。上市公司可以历史业绩或同行业可比公司相关指标作为业绩指标对照依据，选取的业绩指标可以包括净资产收益率、每股收益、每股分红等能够反映股东回报和公司价值创造的综合性指标，以及净利润增长率、主营业务收入增长率等能够反映公司盈利能力和市场价值的成长能力指标。以同行业可比公司相关指标作为对照依据的，选取的对照公司应不少于3家。

目前，中国上市公司采用的股权激励方式主要包括股票期权和限制性股票。根据《上市公司股权激励管理办法》的定义，股票期权是上市公司授予激励对象在未来一定期限内以预先确定的条件购买本公司一定数量股份的权力；限制性股票指激励对象按照股权激励规定的条件获得的转让等部分权利受到限制的本公司股票。股权激励对象包括上市公司的董事、高级管理人员、核心技术人员或者核心业务人员，以及公司认为应当激励的对公司经营业绩和未来发展有直接影响的其他员工，但不包括独立董事和监事。

（四）股权质押

股权质押是指出质人（股票持有人）以其所拥有的股权作为质押标的物向银行、券商和信托等金融机构申请贷款或为第三方提供贷款担保的行为。与其他不动产抵押融资相比，股权质押具有流动性高、价值易观测、变现能力强等特点，可以缓解融资过程中的信息不对称问题，受到银行等金融机构的青睐。不同国家股权质押的出质人有所差异。美国多是高管和董事将股权进行质押，而中国则是大股东（尤其是控股股东）将股权进行质押。对控股股东而言，股权质押是一种有效的融资途径，不会影响其在上市公司的表决权和投票权等权利，还可以将其账面股权资产激活为“动态”资本。

在股权质押期间，控股股东为出质人，银行等金融机构为质权人，双方约定借款利息、期限和质押率。其中，质押率等于股权质押融资的资金额除以质押股权市值，即质押融资时质押资产的折价率。在实践中，创业板、中小板和主板的质押率分别为30%~35%、40%~45%和50%~55%。上市公司股价处于波动状态，故股权质押贷款属于高风险业务。为保障资金的安全性，银行等金融机构通常与控股股东约定预警线和平仓线。当质押的股票市值与质押融资额之比低于预警线时，质权人将通知出质人追加担保品或补充保证金。当质押股票市值与质押融资额之比低于平仓线时，质权人将要求出质人在隔日收盘前追加担保品或补充保证金，直至履约保障水平恢复至预警线水平，否则质押方将采取平仓措施。预警线一般为140%~160%，平仓线一般为120%~140%。

四、研究思路、研究内容与研究方法

（一）研究思路

本书研究高管股权激励合约、控股股东股权质押及两者之间的交互作用对资本结构动态调整的影响，研究思路如下：

（1）分析资本结构调整现状，为实证检验资本结构动态调整的影响因素奠定基础。本书基于中国沪深 A 股上市公司数据，分析资本结构偏离目标程度、资本结构调整速度、资本结构调整不对称等现状。首先，通过资本结构样本分布，观察到公司资产负债率较高或者较低，以及债务期限不合理的资本结构状况。其次，估算目标资本结构和偏离目标程度，观察到多数公司实际资本结构小于目标值。再次，估算调整速度，发现资本结构调整快慢受调整成本的影响，仅进行部分调整且存在调整不对称的问题。最后，通过资本结构调整方式数据，观察到公司通过增加借款、发行股票、现金分红、偿还债务等方式进行资本结构调整。

（2）以资本结构理论、代理成本理论、激励理论等为依据，构建理论框架，从代理冲突视角研究资本结构动态调整的影响因素。基于激励理论和代理成本理论，以缓解股东和管理者之间的代理冲突和优化资本结构为目的，探讨高管股权激励合约对资本结构动态调整的影响。基于代理成本理论，以股权质押为切入点，将控股股东和中小股东之间的代理冲突以及双重代理冲突纳入动态权衡理论框架，从理论上探讨控股股东股权质押及其与高管股权激励合约的交互作用对资本结构动态调整的影响。

（3）实证检验。一是基于股东与管理者之间的代理冲突，实证检验高管股权激励合约与资本结构动态调整之间的关系，从而缓解第Ⅰ类代理冲突；二是基于控股股东与中小股东之间的代理冲突，实证检验控股股东股权质押与资本结构动态调整之间的关系，以识别控股股东股权质押产生的经济后果，进一步寻找控股股东利益侵占的约束机制，从而缓解第Ⅱ类代理冲突；三是基于双重代理冲突视角，将控股股东股权质押和高管股权激励合约相结合，检验两者之间的交互作用对资本结构动态调整的影响。

（二）研究内容

本书具体研究内容如下：

第一章，绪论。依据中国“去杠杆”的现实背景，以资本结构动态调整影响因素为切入点，提出研究问题，即公司治理视角下控股股东股权质押和高管股权激励合约及其交互作用如何影响资本结构动态调整；概括本书的理论意义和现实意义，并对涉及的重要概念进行界定，阐述研究思路、研究内容和研究方法，最后总结研究贡献。

第二章，基本理论与文献综述。首先，阐述现代资本结构理论、代理成本理论、控制权理论、激励理论和信息不对称理论，指出现有研究中高管股权激励和控股股东利益侵占行为会影响公司资本结构决策，为高管股权激励合约和控股股东股权质押影响资本结构动态调整相关研究奠定理论基础。其次，阐述资本结构动态调整的影响因素，以及控股股东股权质押动机和经济后果的现有研究。具体包括：公司治理对资本结构动态调整的影响、控股股东股权质押动机以及经济后果、股权激励效应的相关研究。

第三章，中国上市公司资本结构调整现状。首先，介绍资本结构调整相关概念以及资本结构样本分布，并估算出公司目标资本结构和资本结构调整的速度，观察资本结构偏离目标程度。其次，区分调整方向，观察资本结构调整的不对称性。最后，对资本结构调整方式进行描述性统计，观察公司通过何种方式进行资本结构调整。

第四章，高管股权激励合约与资本结构动态调整。从股东和管理者之间的代理冲突出发，先以设计合约为目的，检验高管股权激励合约及其条款对资本结构调整速度的影响，而后深入分析高管股权激励合约通过何种方式影响资本结构调整速度，检验高管股权激励合约与资本结构调整方式的关系。进一步区分资本结构调整方向和产权性质，再分样本检验高管股权激励合约与资本结构调整速度之间的关系。

第五章，控股股东股权质押与资本结构动态调整。基于控股股东和中小股东之间的代理冲突，探讨控股股东股权质押行为对资本结构动态调整的影响。首先，检验控股股东股权质押与资本结构调整速度之间的关系；其次，深入分析控股股东股权质押通过何种方式影响资本结构调整速度，检验控股股东股权质押与资本结构调整方式之间的关系；最后，区分资本结构调整方向和产权性质，再分样本检验控股股东股权质押与资本结构调整速度之间的关系。

第六章，控股股东股权质押和高管股权激励合约交互作用对资本结构动态调整的影响。基于双重代理冲突视角，将控股股东股权质押和高管股权激励合约相结合，检验两者的交互作用对资本结构调整速度的影响；进一步检验公司内部股权制衡机制和外部媒体关注约束机制在控股股东股权质押和高管股权激励合约交互效应中的调节作用，寻找缓解双重代理冲突的治理机制。

第七章，研究结论与对策建议。本章对全书的研究结论进行了总结，并根据研究结论，对公司、政府、监管部门及中小投资者提出建议，最后结合本书研究的局限性，指出未来可能的研究方向。

（三）研究方法

本书主要采用以下三种研究方法：

（1）规范研究法。完整的研究范式不仅包括数据和方法，还需要严谨的规范研究指导实证检验。在依据标准的研究范式进行数据分析之前，必须建立研究假设，而假设的提出一般基于规范研究法，主要包括逻辑演绎法和数学模型推导法，本书采用逻辑演绎法。在第四章，利用逻辑演绎法推理得出结论：公司股权激励合约、行权条件、有效期、激励方式、股权授予比例等会影响资本结构的调整速度；高管股权激励合约会影响资本结构的调整方式。在第五章和第六章，同样采用该方法推理得出结论：控股股东股权质押会影响资本结构的调整速度和调整方式；控股股东股权质押和高管股权激励合约的交互作用会影响资本结构的调整速度；公司内部股权制衡机制和外部媒体关注约束机制可以弱化控股股东股权质押和高管股权激励合约交互作用对资本结构动态调整的负向影响。

（2）实证研究法。实证研究法是指采用科学统计方法，结合大量个体经验数据归纳出一定的规律，用于预测总体未知规律，主要用于对某一假设、观点、推论进行证实或证伪，挖掘行为规律，以验证理论的正确与否。本书首先采用逻辑演绎法进行推理，继而提出研究假设，而后构建理论模型，最后基于沪深A股上市公司数据实证检验研究假设的正确性。第四章、第五章、第六章分别检验了高管股权激励合约和控股股东股权质押及两者交互作用对资本结构动态调整的影响，均通过最小二乘法进行回归，并通过Cluster处理控制样本自相关和“异方差”问题，继而利用方差膨胀因子检验解释变量之间的多重共线性问题。在稳健性检验中，先控制其他变量对资本结构调整的影响，而后通过模型修正、控制样本“自选择”、工具变量法，以及替换变量其他衡量指标等，保证结果的可靠性。在实证检验高管股权激励合约和控股股东股权质押对资本结构调整方式的影响时，采用Logit和Probit回归进行分析。

（3）文献研究法。文献研究法是指对相关领域文献进行归纳和整理，从而得到对该领域研究的全面认识。本书是在广泛阅读文献基础上进行的研究，属于文献导向性研究课题。文献研究法的运用主要体现在两个方面：一方面，在第二章对财务学和公司治理领域的相关文献进行了梳理，主要集中于对资本结构动态调整的影响因素、股权激励效应和控股股东股权质押经济后果的研究，并对文献进行述评。本书研究针对现有文献的不足展开。另一方面，对现代资本结构理论、控制权理论、信息不对称理论、代理成本理论和激励理论进行了归纳和总结，为后文检验控股股东股权质押、高管股权激励合约对资本结构动态调整的影响奠定了理论基础。

五、研究创新

本书的研究创新主要体现在以下三个方面：

（1）从合约设计角度，考察高管股权激励合约及其条款对资本结构动态调整影响的规律。现有文献仅实证检验高管持股如何影响资本结构调整速度，而忽视了公司是否实施股权激励以及股权激励合约条款中的行权条件、有效期、激励方式和股权授予比例等对资本结构动态调整的影响，并不能完整呈现股权激励的实施效果。本书不仅从股权激励合约及其条款角度分析资本结构动态调整的影响因素，而且从资本结构动态调整维度拓展了高管股权激励合约对公司融资决策经济后果影响的研究。为探寻高管股权激励依靠何种方式影响资本结构动态调整，本书构建了高管股权激励合约与资本结构调整方式之间关系的模型，从而深化了资本结构动态调整的研究内容。此外，本书区分调整方向和产权性质，进一步考察了高管股权激励合约对资本结构调整速度的影响，拓展了股权激励合约有效性和适应性的研究。

（2）从股权质押视角，更为直接地探讨控股股东利己动机对资本结构动态调整的影响规律，打破了多数文献以间接方式探讨控股股东利益侵占影响资本结构决策的研究框架，丰富了资本结构动态调整影响因素的研究。现有文献大多聚焦于控股股东控制权和现金流权分离度如何影响资本结构决策，是从上市公司角度间接衡量控股股东利益侵占动机，而真正能反映其行为动机的是自身财务状况和经营状况。控股股东股权质押可以更为直接地体现其利己动机，但是很少有学者将控股股东股权质押和资本结构动态调整联系在一起，学者们多从盈余管理、信息披露、税收规避等方面探讨控股股东掏空或防御控制权转移风险动机产生的经济后果。本书不仅从控股股东股权质押角度丰富了资本结构动态调整影响因素的研究，而且从资本结构动态调整维度拓展了控股股东股权质押对公司投融资决策经济后果影响的研究范围。为寻找控股股东股权质押通过何种方式影响资本结构动态调整，本书构建了控股股东股权质押与资本结构调整方式之间关系的模型，深化了资本结构动态调整的研究内容。

（3）从双重代理冲突角度，考察控股股东股权质押和高管股权激励合约的交互效应，突破了大多数文献基于单一委托代理框架探讨股东和管理者代理冲突或者控股股东利益侵占如何影响资本结构决策的研究范畴。本书将控股股东股权质押和高管股权激励合约相结合，实证检验两者交互作用对资本结构动态调整的影响，以间接测度双重代理冲突引起的调整成本变化。把双重代理冲突纳入动态权衡理论模型框架，突破了单一委托代理问题对资本结构动态调整的影响，有利于推动动态资本结构模型的改进。进一步考察公司内部股权制衡机制和外部媒体约束机制在控股股东股权质押和高管股权激励合约交互效应中的调节作用，丰富了公司治理与资本结构动态调整的研究，也为完善股权激励合约机制、合理安排公司资本结构提供了有效途径。

第二章 基本理论与文献综述

一、基本理论

从财务学视角来看，公司市场价值是其权益资本价值与债务资本价值的总和。权益资本价值等于公司的股票数量乘以股票的市场价格；债务包括公司发放的银行贷款、短期商业票据、长期债券等，债务价值就是这些债务总的市场价值。为实现市场价值最大化，公司往往寻求最优的资本结构。由于各种融资方式的资金成本、净收益、税收、债权人对公司所有权的认可程度等存在差异，在给定投资机会的情况下，公司需要根据其目标函数和收益成本约束来选择合适的融资方式，以确定最优的资本结构，使公司市场价值达到最大化。

合理的资本结构不仅能提高公司的市场价值，还会对公司的融资成本、产权分配、治理结构等产生影响，这就是融资理论，或称资本结构理论。对于资本结构理论的研究，从研究方式来划分，大体可分为三个体系：一是以杜兰特为主的早期公司资本结构理论学派；二是以 MM 理论为核心的现代公司资本结构理论学派；三是 20 世纪 70 年代以来，学者们从不对称信息角度对公司资本结构进行研究的新优序理论、代理成本理论、控制权理论、信号传递理论等。本章对其中具有代表性的重要理论进行阐释。

（一）现代资本结构理论

（1）MM 理论。Modigliani 和 Miller（1958）在《美国经济评论》上发表的著名论文《资本成本、公司财务与投资理论》中提出了 MM 理论。MM 理论是在早期净营业收益理论基础上提出的，通过严格的数学推导，证明了在一定条件下公司的价值与所采取的融资方式（发行债券或发行股票）无关。该文深入考察了资本与市场价值的关系，提出在完善的市场中，公司资本结构与市场价值无关，或者说，公司选择怎样的融资方式不会影响市场价值。

MM 理论建立的前提条件是存在一个完美的资本市场，即：无交易成本、破产成本，并且信息是完美的；公司和个人能以同一个利率贷款；不考虑税的因素，投资收益也不会受到金融不确定性的影响。由于债务成本低于股权成本，增加债务能使总体加权资金成本下降。但与此同时，债务的增加会提高风险，也会提高股权融资的成本。在这些条件成立的情况下，增加债务所导致的资金成本降低与风险提高所带来的资金成本增加正好抵销，因此资本结构决策与资金成本无关，即与公司的价值无关。

由于该理论忽略了实践中较为重要的公司所得税因素，故 Modigliani 和 Miller 在 1963 年的模型中，加入了公司所得税因素，对资本结构无关论进行了修正，提出有税的 MM 理论（Modigliani and Miller，1963）。根据有税的 MM 理论，负债具有抵税收益，即计算税基时会将公司需支付的利息刨除在外，由此产生节税收益，同时负债还降低了资金成本；虽然负债的增加意味着风险的增加，即权益资金成本的增加，但由于所得税的存在，增加负债的收益大于成本，即有负债公司的价值等于风险相等的无负债公司的价值加负债的抵税收益价值。因此，在考虑公司所得税的前提下，公司的负债越多，价值也越高，理性的资本结构决策是全部举债。

总之，无税和有税的 MM 理论模型是 MM 理论的基础。虽然 MM 理论为资本结构研究奠定了基础，但是其结论建立在强假设之上。因此，无论是资本结构与公司价值无关的结论，还是资本结构与价值单调正相关的结论，都与公司中资本结构的实际决策相去甚远。为解释理论与现实的差距，后续学者从财务学视角进一步放松了模型中的假设或加入有现实意义的假设。

（2）权衡理论。权衡理论是 20 世纪 70 年代中期形成的“在负债的税收收益与破产成本现值之间进行权衡”的最优资本结构理论。权衡理论的代表人物包括 Baxter（1967）、Kraus 和 Litzenberger（1973）、Myers（1984）等。

早期的权衡理论放松了 MM 理论中“不存在破产成本”这一假设，即在有税的 MM 模型中减去了破产风险产生的财务困境成本。财务困境成本取决于其发生概率以及发生时的成本。Baxter（1967）指出，现实中的公司无法获得债务，除非债权人相信公司有较多的权益资金。当公司负债超过一定的“合适”值时，其利息就会增加，致使过度负债公司的资金成本上升。在有税的 MM 理论加入破产成本之后，公司负债增多可以增加抵税收益，但超过一定的“阈值”后，财务困境成本将急剧上升，导致负债和公司价值形成倒“U”形曲线。因此，最优的资本结构能使财务困境的边际成本与债务抵税的边际收益相等，这时的负债水平会使公司价值最大化。Diamond（1984）将负债的成本从破产成本进一步扩展到代理成本、财务困境成本和非负债税收利益损失等方面。同时，又将税收收益引申到非负债税收收益方面。实际上，这是扩大了成本和利益所包含的内容，把公司资本结构看成在税收收益与各类负债相关成本之间的权衡。

（3）动态权衡理论。动态权衡理论的先驱者 Stiglitz（1973）、Brennan 和 Schwartz（1978）、Kane 等（1984）将税盾收益和破产成本结合建立了动态权衡模型，但对该理论作出突出贡献的是 Fischer 等（1989）。他们在 Kane 等（1984）的基础上，首次在权衡理论的动态性研究中引入调整成本，并发现公司特征会影响资本结构动态调整，从而支持资本结构动态调整是公司特征的函数这一理论预期。

公司并不是时刻都处于最优资本结构状态，而是通过一个动态调整过程来确定其资本结构。资本结构是财务活动的必然结果，这种财务行为不仅受外部市场环境的影响，还受相关利益主体的影响。由于交易成本、信息不对称等市场缺陷的存在，公司资本结构的调整存在一定的成本，导致资本结构实际值偏离最优值或者目标。虽然公司确定的资本结构是一个最优或者目标的资本结构，但资本结构在某一时点上的值会高于或低于最优值或目标。

由于调整成本的存在，公司不能立即将实际资本结构调整到最优或者目标状态。Myers（1984）认为，假如没有资本结构调整成本，那么每家公司可观测的资本结构都是最优的资本结构。公司进行资本结构调整的成本越高，资本结构实际值偏离最优值的时间越长。Leary 和 Roberts（2005）采用持续期模型进行研究后发现：资本结构决策本身是有路径依赖的，尽管管理者主动调整使其尽量停留在最优区间，但是调整成本的存在使公司往往需要 2~4 年才能“消化”股票价格波动、增发等改变权益价值的事件。一般而言，资本结构调整成本包括调整负债相应的交易费用成本、利息支出、破产成本、制度成本和代理成本等。只有调整收益大于调整成本时，公司才会进行资本结构调整。

计量经济学在动态面板数据处理方面的不断发展，推动了资本结构动态调整实证研究的进步，进而丰富和完善了动态权衡理论。Banerjee 等（2000）较早利用动态调整模型研究资本结构调整问题。此后，学者们基于不同国家的数据，估算最优或者目标资本结构，计算资本结构调整速度，进而探讨资本结构向上调整和向下调整的不对称问题。对于资本结构动态调整影响因素的研究，多是在标准部分调整模型上进行拓展，取得了丰硕的成果。

（二）代理成本理论

（1）基本观点。代理成本理论始于 Jensen 和 Meckling（1976）的文章，其核心观点是以代理理论、公司理论和财产所有权理论来系统分析和解释信息不对称情况下的公司资本结构问题。他们把代理关系定义为这样一种关系：委托人授予代理人某些决策权，要求代理人提供有利于委托人的服务。代理关系存在于所有的组织和合作中，公司中所有权与控制权分离引起的资本所有者与经营者的关系也属于代理关系。假定委托人和代理人都追求效用最大化，那么代理人不会总是根据委托人的利益采取行动。

为了解决这个问题，委托人可以激励和监督代理人，以使其为自己的利益尽力。代理人可以用一定的财产担保不损害委托人的利益，否则以此给予补偿。即便如此，代理人的行动与使委托人效用最大化的行动仍会有差异，由此造成的委托人利益的损失被称为“剩余损失”。这样，代理成本就被定义为委托人的监督成本、代理人的担保成本和剩余损失。

Jensen 和 Meckling（1976）认为，代理成本是公司所有权结构的决定因素，代理成本的存在源于经营者不是公司的完全所有者（即存在外部股权）。在这种情况下，经营者的努力工作可能使其承担全部成本却仅获得部分收益；同理，在职消费时，他能得到全部好处却只承担部分成本。这种得到和付出的不平衡极易导致经营者侵蚀公司利益，为自己谋取福利而不承担任何成本。其结果是经营者的工作积极性不高，却热衷于追求在职消费等。因此，公司的市场价值会低于经营者是完全所有者时的市场价值。这两者之间的差额就是外部股权的代理成本，即外部所有者理性预期之内必须要由经营者自己承担的成本。让经营者成为完全所有者可以解决代理成本问题，但又受到经营者自身财富的限制。债券融资可以突破这一限制，但债券融资可能导致另一种代理成本，即公司经营者作为剩余索取者有更大的积极性去从事有较大风险的项目，因为他能够获得更大的收益，并借助有限责任制度把失败的损失推给债权人。当然，这种债权的代理成本也得由经营者来承担，因为债权人也有其理性预期，债券融资比例上升会导致举债成本上升。

对股权和债权代理成本进行分析后可得出以下结论：均衡的公司所有权结构是由股权代理成本和债权代理成本之间的平衡关系决定的，公司最优资本结构会使两种融资方式的边际代理成本相等且总代理成本最小。

（2）第Ⅰ类代理冲突。委托代理理论有三个假设前提：一是代理人具备追求个人利益最大化的“经济人”属性；二是代理人行为具有不易观察性，委托人不容易观察到他们的私人信息；三是代理人与委托人之间是信息不对称的。委托代理关系中委托人期望代理人以其自身利益最大化进行经营决策，而代理人的“经济人”属性、行为不易观察性和与委托人信息的不对称等会导致代理人为追求私利而作出有损委托人利益的决策，从而产生委托代理冲突。

第Ⅰ类代理冲突是指股东与经理人之间的代理冲突，即所有者期望其投入的资本实现收益最大化，而经营者却希望实现自身利益的最大化。这种利益的冲突和分歧，会衍生出代理人的逆向选择行为和道德风险问题。一方面，两者的效用函数不一致，代理人缺乏股东利益最大化的内在驱动力，他们在“自利倾向”和“有限理性”影响下会选择获取自身私利而损害股东利益的道德风险行为。另一方面，委托者只能观察经营者行为以获取代理人的责任履行状况，可是由于两者之间信息的不对等和契约的“不完备性”，代理人很可能在委托人不知情的状况下为谋求私利而违反合约条款。

股东和管理者之间的代理冲突是研究公司治理问题的逻辑起点，其核心内容是所有者如何设计出最优的治理结构和治理机制，实现对经营者的监督和激励，保证代理人按照委托人利益最大化行事，促使代理人和委托人之间的利益目标趋于一致，从而尽可能降低代理成本。股权激励是公司治理机制之一，公司通过这种方式赋予代理人分享剩余权益的权力，这种制度安排使经营者成为公司股票持有人，促进了代理人和委托人效用函数的趋同，使公司利益增长成为代理人利益的增函数，实现了“激励相容”目标，从而降低了代理成本。

（3）第Ⅱ类代理冲突。第Ⅱ类代理冲突是指控股股东与中小股东之间的代理冲突。由于股权集中导致管理者即代理人依附于控股股东，表面上是委托人与代理人之间的代理问题，实质上是控股股东与中小股东之间的代理问题，即控股股东可能会通过高价购买材料、关联交易、占用资金等方式掏空公司，从而侵占中小股东的利益。

Johnson 等（2000）认为，控股股东的利益侵占方式有两种：其一，控股股东为获取控制权私有收益采用自我交易方式将公司的资源转移，如在法律允许条件下给予控股股东价格优惠的资产销售、贷款担保、超额薪酬等。其二，控股股东采用内部交易、排斥小股东、稀释股票发行、其他损害中小股东利益的金融交易方式来增加其持有股份的价值。

由于控股股东的某些利益侵占行为并不违背法律条款，即使在投资者保护程度较高的发达国家，控股股东的利益侵占行为也普遍存在。控股股东的利益侵占动机取决于其持股比例的大小。在控制权一定的情况下，控股股东拥有的现金流量权越小，其采取利益侵占的动机就越强（Claessens et al.，2000）。La Porta 等（1999）基于 27 个国家大规模公司的样本数据进行分析，较早发现控股股东将公司的控制权和现金流权分离，可以获得更大的控制权私有收益。具体而言，他们指出，只有少数投资者保护程度较高国家的公司股权较分散，其他国家股权高度集中或者相对集中，超过20%的控股股东参与公司经营管理活动；控股股东采用金字塔结构对现金流权和控制权进行分离，这样虽持有较少公司股份，却可以获得较大控制权，此时他们有较强的动机侵占中小股东利益。

此后，诸多学者从不同方面考察控股股东利益侵占引发的代理冲突对公司造成的负面影响，如通过发布有偏的信息（Porta et al.，1998）和进行盈余管理（Fan et al.，2002）掩盖其"掏空"实质、扭曲公司投资决策（Masulis et al.，2009）、恶化公司融资约束程度（Veltri et al.，2001），甚至削弱公司治理的作用等，从而降低公司价值（Lemmon et al.，2003；Bae et al.，2012）。

（4）双重代理冲突。公司代理冲突同时存在于股东和管理者之间以及控股股东和中小股东之间，即双重代理冲突。

第一，股东与管理者之间的代理冲突。从形式上看，在股权分散和集中背景下，股东和管理者之间的代理关系相似，但实际上两者存在很大差别。在股权分散的上市公司中，任何一位股东都无法直接对管理者施加影响，于是委托董事会代表全体股东对管理者进行监控，这种股权结构下股东和管理者之间的代理冲突较为突出。如何促使管理者按照全体股东的利益行事并有效发挥控制权市场的作用，是公司治理关注的焦点问题。在股权结构相对集中的上市公司，形式上也是由董事会代表全体股东利益行事，但是控股股东拥有董事会的实际控制权，可以直接对管理者施加影响，实际上控股股东是在代表全体股东的利益行事。在股权结构分散的上市公司，全体股东和管理者之间的代理冲突呈现出管理者强而全体股东弱的特点；而在股权结构集中的上市公司，则呈现出控股股东强而管理者弱的特征。此外，在股权结构相对集中的公司，中小股东在监督管理者上属于弱势群体。由于监督成本较高，他们不得不依赖控股股东，通过"搭便车"的方式来行使监督权。

第二，控股股东和中小股东之间的代理冲突。在股权结构相对集中的公司，控股股东可以监管管理者，这样可以有效降低管理者的代理成本。控股股东监督需要付出成本，上市公司必须通过一种合理的方式对其进行补偿。但是，控股股东有其自身利益的考虑，他们在使用实际控制权的同时，很可能利用各种方式掠夺中小股东的财富。在控股股东与中小股东问题上，控股股东是强者，而中小股东是弱者。因此，中小股东为保护自身利益不受损害或者将损害程度降到最低，除了积极寻求法律援助外，还需要寻找代理人代表他们的利益。如果中小股东将控股股东对他们的损害降到最低，就间接地实现了和控股股东相同的投资回报最大化的目标。在股权结构集中的上市公司，能否基本实现全体股东利益最大化，一方面取决于控股股东能否有效监督管理者，另一方面取决于中小股东能否将控股股东对其自身利益的损害降到最低。

综上，双重代理冲突更为准确地概括和反映了以股权相对集中或高度集中为主要特征的上市公司的委托代理问题。

（三）控制权理论

（1）基本观点。控制权理论研究学派基本上延续了 Jensen 和 Meckling（1976）的研究思路，其代表成就主要包括哈里斯-雷斯夫模型和阿洪-伯尔顿模型等。其基本理论主要是基于公司资本结构决定收入流分配，同时决定了控制权的分配。

控制权理论的主要观点是：管理者在通常情况下是不会从股东最大利益出发的，因此他们必须被监督和戒律，而债务正是一种惩戒工具。债务不仅使股东具有法律上的权利强制管理者提供有关公司各方面的信息，而且让股东能够通过对信息的分析决定是继续经营还是进行清偿，所以“最优的负债数量取决于在信息和惩戒管理者机会的价值与发生调查成本的概率之间的平衡”。

Aghion 和 Bolton（1992）在交易成本和合约不完全的基础上提出一种与财产控制权非常相关的公司资本结构理论。他们假定市场上有这样两个人，一个是有资本无技术的投资者，另一个是无资本有技术的企业家，两者在市场上相遇后签订了长期合约。由于企业家既追求货币报酬又追求非货币报酬（如个人声誉和在职消费），而投资者只追求货币报酬，所以双方的利益目标包含潜在的冲突。如果合约是完全的，那么可以化解双方的利益冲突。但是由于未来是不确定的，合约也就不可能完全，剩余控制权的分配由此变得很重要。具体来说，有三种情况：一是如果融资方式是发行普通股（有投票权的股票），那么投资者掌握剩余控制权；二是如果融资方式是发行优先股（无投票权的股票），那么企业家拥有剩余控制权；三是如果融资方式是发行债券，那么在企业家能按期偿还债务的前提下，他拥有剩余控制权，否则剩余控制权由企业家转移到投资者手中，即公司破产。

（2）剩余控制权的来源。Grossman 和 Hart（1986）最早明确提出剩余控制权的概念，并用剩余控制权来定义公司所有权（即产权）。他们认为，剩余控制权是资产所有者可以按任何不与先前合同、习惯或法律相违背的方式决定资产所有者的权利。一般也可以将剩余控制权理解为公司的重要决策权。剩余控制权的来源主要包括：

第一，物质资本。完全合同理论框架下的标准委托代理理论先假设控制权来源于所有权：委托人提出一个合同安排，由代理人选择接受或不接受，即便代理人有信息优势和机会主义倾向，委托人也可以通过对代理人的激励与约束相容，促使代理人朝委托人的利益最大化目标付诸行动。委托人对合同（交易）的控制权自然源于其对物质资本的所有权。Hart 和 Moore（1990）的不完全合同理论也认为，由于合同不完全，所有权是权力的来源，而且对物质资产的控制权能导致对人力资产的控制权。张维迎（1995）也证实了公司的控制权来自物质资本。

第二，人力资本和物质资本的结合。长期以来，控制权理论漠视了人力资本的重要性。Hart 和 Moore（1986）认为，对非人力资本的控制将导致对人力资本的控制。人力资本从属于非人力资本，但这一理论的解释力日渐受到两方面的挑战：一是日本公司对经营者赋予大量的控制权；二是随着新经济时代的来临，公司中人力资本的重要性日渐突出。周其仁（1996）认为，在市场经济条件下，公司是人力资本（包括员工阶层和经理阶层）和非人力资本所有者共同签订的特殊契约。他进一步指出，人力资本与人身不可分离的自然属性决定了员工可以随时关闭自己的人力资本。因此，对现代公司中的员工只能激励而不能压榨，员工拥有对自己人力资本的剩余控制权。

（3）剩余控制权的配置。第一，剩余控制权与剩余索取权相匹配的控制权配置。早期的控制权理论没有对特定控制权与剩余控制权进行区分，剩余控制权是从剩余索取权发展而来的。剩余索取权是对公司剩余现金流的要求权，而剩余控制权是对公司契约规定外的交易或事项的投票权和决策权。对于剩余索取权和剩余控制权，先前的观点（如 Alchian and Demsetz，1972）强调前者，现代观点（如不完全契约理论）更强调后者，但二者都认为剩余控制权和剩余索取权应统一。不完全契约理论（GHM 理论）强调二者的统一，并进一步指出由剩余控制权可推导出剩余索取权的安排。此外，布莱尔（1999）从风险承担者与风险制造者相对应的角度、巴泽尔（1997）从人力资本属于主动性资产、Jensen 和 Meckling（1976）从公司治理结构的角度出发，都得出剩余控制权和剩余索取权相匹配才能使公司控制权配置有效率的结论。因此，以剩余控制权理论为基础，将资本的范围扩大到人力资本，自然会得出公司契约中的人力资本也应拥有剩余控制权的结论。

第二，资本结构制约下的控制权配置。Jensen 和 Meckling（1976）提出资本结构的契约理论，指出资本结构由代理成本决定，通过影响经营者的努力程度、市场信号传递功能、经营者占有的股份与其对公司控制权的分配这三种途径影响公司价值。Harrris 和 Raviv（1990）进一步考察了投票权的经理控制、公司的负债股权比率及兼并市场三者之间的关系，建立了一个投票权和剩余收入权匹配的模型，证明资本结构是保证优秀候选人获得公司控制权的一种工具。

（四）激励理论

（1）早期激励理论。激励理论在 20 世纪 30 年代至 70 年代发展较为迅速，该时期出现了几种较为重要的理论，为后期激励机制的设立提供了早期的理论依据。

一是需求层次理论。管理学中最著名的激励理论首推美国心理学家马斯洛的需求层次理论，他假设人类从低到高有五个层次的需求：第一层次是满足生理的需要；第二层次是对生活安全的需要；第三层次是归属和爱的需要；第四层次是获得他人和社会尊重的需要；第五层次是实现自我价值的需要。马斯洛认为，人的需求是根据每个人的不同处境而变化的。人们的需求是逐层上升的，从激励的角度来看，没有一种需求会得到完全满足。按照马斯洛的观点，如果对一个人进行激励，首先要了解他目前所处的需求层次，而后尽量满足他在该层次及以上层次的需求。

二是双因素理论。该理论由赫茨伯格提出，他认为对员工的激励不能仅限于物质方面的奖励（如员工的基本工资、奖金、各种福利），因为物质奖励仅是双因素理论中的保健因素，如果没有激励因素，保健因素远达不到预期的效果。此时，员工没有更大的动力做更多的工作，因为保健因素使得他们的生活有保障，工作好坏没有区别。双因素理论指出，只有激励因素才能让员工投身于工作的热情不减，而这种因素只能源于工作本身产生的激励，包括工作中获得的成就感、职位晋升、领导授权等。

三是期望理论。现代公司以期望理论为激励的基础，其所采取的所有激励措施和方法都基于如下假设：公司里每一位员工都有一个最基本的收入期望值和期望值的递增，公司通过满足员工的期望值获得员工人力资源的支配权和使用权，鼓励员工履行自己的职责和完成公司既定的目标。期望理论认为，所有人在做事前都会对自身行为产生的结果作出预期，好的预期对个人具有吸引力。

上述理论从不同的角度阐述了人们需要激励以及公司进行激励的必要性。激励措施是经理人积极工作的力量源泉，相对于薪酬激励，股权激励会使他们不仅只是作为雇员工作，而是以“主人公”的身份参与其中，这种长期的激励方式可以解决股东和经理人之间利益不一致的代理问题。

（2）最优契约激励理论。经济学家依据委托代理理论的分析框架，从最优契约视角对经理人激励补偿展开研究。最优契约激励理论指出，董事会作为全体股东的代表，在与经理人进行薪酬谈判和签订薪酬合约的过程中，可以完全站在股东的立场和经理人签订公平议价契约。Holmström（1979）等分析了单期的激励契约模型，探讨信息不对称背景下最优薪酬契约的设计问题，即委托人无法直接观测代理人行动时，他们如何依据行动结果对代理人进行奖励和惩罚，这种激励方式也被认为是显性激励机制。其研究结果证明了将公司剩余价值分配和经营绩效相匹配是满足代理人参与“激励相容”最有效的途径。当股东处于信息弱势时，仅能通过公司经营业绩状况推测经理人的努力程度，经理人薪酬契约转变为基于业绩的薪酬契约。

经理人薪酬激励是管理者与股东间代理冲突问题的修正机制，通过提高薪酬对业绩的敏感性，或者授予经理人股票和期权等方式，可以缓解他们之间的目标不一致，从而激励经理人作出有利于股东价值最大化的决策和行为（Jensen and Murphy，1990）。公司通过与经理人签订基于激励的薪酬合约，奖励其出色表现以及管理行为。当业绩较好时，公司会给经理人提高工资水平、发放奖金、授予股票或者执行期权，从而使其与股东利益一致。这一基于激励视角的最优契约理论认为，公司董事会采用设计经理人薪酬合约方式，使经理人有足够的动机最大化股东价值。因此，有效的经理人薪酬合约会使公司股东和经理人之间的代理问题得到修正，促使两者利益一致（Grossman and Hart，1983），从而降低代理成本、提高公司价值。

对于最优薪酬契约的制定，该理论的支持者认为，经理人最优的薪酬契约来自董事会和经理人之间的讨价还价，即经理人试图通过薪酬契约最大化其私有收益，而董事会却试图通过契约的设计最大化股东利益。即使在缺少讨价还价时，来自公司外部并购市场、经理人市场的约束同样会使契约双方实现有效的薪酬契约。有效的经理人薪酬契约应满足以下三点：①以最小成本吸引经理人；②以最小成本留住正确的经理人；③激励经理人作出创造股东长期价值的行为，避免损害公司价值的活动。

为满足上述三点，在制定经理人薪酬契约时，有三个重要维度要考虑：第一，与特定工作相连的预期总收益。这个维度决定了公司能否吸引并留住正确的管理者，并鼓励其在适当的时候离开，因而经理人的薪酬应能够正确反映管理者能力，即给予经理人合理定价。第二，经理人薪酬契约的构成，即薪酬契约中作为工资以及与风险性绩效相关的现金总量、股票、限制性股票或期权、退休金、非货币收益等的组成比例。这个维度决定了公司是否能以既定公司成本最大化经理人收益，或在经理人既定收益下最小化公司成本。第三，经理人薪酬与公司绩效之间的关系，即经理人薪酬业绩敏感性，它决定了经理人作出何种行为以及结果将会受到的奖励或惩罚，进而决定了经理人工作的努力程度和生产力。因此，支付给经理人的薪酬越高，其薪酬对公司业绩的敏感性越强，越能激励经理人作出有利于公司价值最大化的决策，公司的价值越高。同时，当经理人才能发生变化，或者公司对经理人才能的需求发生变化时，公司应相应调整其薪酬水平与结构，以使其薪酬契约能够较好地反映经理人才能，进而获取并留住更加有能力的经理人，激励其努力工作。

股权激励的主要根据是最优契约理论。大多数实施股权激励的公司依据一定的业绩行权标准授予经理人定量的股票或期权。经理人的人力资本具有相对较高的资产专用性，股权激励合约将其与股东的实物资本捆绑，使得经理人与股东共同参与公司剩余收益的分配。这种方式不仅让经理人以公司“主人公”的身份自居，还有利于约束经理人的机会主义行为。一方面，公司设计的股权激励合约中规定了经理人需经过行权等待期和禁售期才能得到相应的股权收益，并在合约有效期内实行分批行权。该类人力资本预期收益的实现方式有助于降低经理人的逆向选择和道德风险。另一方面，经理人需要努力完成行权的业绩指标，否则无法得到人力资本的剩余索取权，只有顺利行权，才可分享经理人管理经验和股东物质资本共同创造的财富。公司通过设计的股权激励合约规定经理人行权至变现需经过特定的时间间隔，这将他们的薪酬与长期业绩相关联，从而减少了经理人的短视行为。Sanjai 和 Roberta（2010）认为，经理人薪酬合约的设计应以体现透明化、精简化和实现股东价值长期化为原则，薪酬激励中应包含限制性股票和股权激励这两种激励方式，并且经理人从行权到变现的间隔至少为 2~4 年，以缓解他们经营决策短视化的问题。

（五）信息不对称理论

信息不对称理论认为，在市场经济活动中，各类人员对有关信息的了解是有差异的：掌握信息比较充分的人员，往往处于比较有利的地位；而信息贫乏的人员，则处于比较不利的地位。信息不对称理论是信息经济学的经典理论，也是现代信息经济学的核心，被广泛应用到从传统的农产品市场到现代金融市场等领域。Modigliani 和 Miller（1958）提出的 MM 理论认为，资本市场是完备的，企业的外部和内部资本可以相互替代，企业的投资行为不会受到自身债务结构的影响。但在现实生活中，市场是不完备的，企业的外部融资成本高于内部融资成本，从而产生融资约束。Stiglitz（1961）提出，信息具有搜寻成本，市场不完备的主要原因在于信息不对称。信息不对称理论是由 Greenwald 和 Stiglitz（1986）提出的，他们认为，企业融资约束与信息不对称的程度正相关。信息不对称是指市场交易双方掌握的信息在数量和质量上存在差异，交易一方掌握的信息数量多、质量高，而交易另一方则恰恰相反。掌握信息数量多、质量高的一方在经济活动中具有优势，可以通过向掌握信息少、质量低的一方传递可靠信息而获益。Akerlof（1970）的“旧车市场”模型开创了信息不对称理论的先河。Stigliz 和 Weiss（1981）对这一领域进行了深入研究。他们认为，交易中的卖方比买方更了解商品的信息，买卖双方中拥有信息少的一方会努力从交易另一方获得更多的信息，市场信号可在一定程度上弥补信息不对称。信息不对称理论被应用在劳动力市场、保险市场和金融市场等领域。Weerdt 等（2019）从家庭网络的视角分析了信息不对称。

关于信息不对称产生的逆向选择与道德风险问题。Majić 等（2015）阐述了信息不对称的重要性，并根据信息不对称发生的时间点对信息不对称模型进行分类，得出逆向选择和道德风险模型。信息不对称分为事前信息不对称和事后信息不对称。事前信息不对称是指在交易尚未发生时就已经存在的信息不对称，事后信息不对称是指在交易发生之后、合同签订之后发生的信息不对称。信息不对称会导致逆向选择和道德风险。事前信息不对称会导致逆向选择；事后信息不对称会导致道德风险，道德风险包括隐藏行动的道德风险和隐藏信息的道德风险。逆向选择是指市场交易的一方如果能够利用多于另一方的信息使自己受益而对方受损，信息劣势方便难以顺利作出买卖决策，于是价格会发生扭曲，并无法起到平衡供求、促成交易的作用，进而导致市场效率降低。在逆向选择下，会发生由交易双方信息不对称和市场价格下降产生的劣质品驱逐优质品的问题，进而导致市场交易产品平均质量下降。信息不对称可能导致逆向选择，这一观点是 Arrow（1963）首次提出的。针对逆向选择，他在 1970 年发表的著作《柠檬市场》中做了进一步阐述。他通过研究柠檬市场，建立了二手车市场模型，证明了信息不对称导致的逆向选择会导致市场失灵。从经济学角度来解释，逆向选择是指交易一方对另一方的了解不充分，双方之间的地位不平等。现有学者使用委托代理理论分析逆向选择。信息不对称中拥有信息优势的一方称为代理人，不具有信息优势的一方称为委托人。在委托人签订委托代理合同前，代理人掌握某些委托人不了解的信息，而这些信息有可能对委托人不利。代理人利用这些有可能对委托人不利的信息签订对自己有利的合同，而委托人处于信息劣势，因此做了对自己不利的决策，有可能出现“低质量”代理人驱逐“高质量”代理人、委托人只能选择“低质量”代理人的局面。逆向选择广泛应用于旧车市场、保险市场、劳动力市场、信贷市场、资本市场等。Bollazzi 等（2019）研究了信息不对称影响意大利资本市场风险投资（VC）逆向选择的过程。道德风险也称道德危机，是 20 世纪 80 年代西方经济学家提出的一个经济哲学范畴的概念，即“从事经济活动的人在最大限度地增进自身效用的同时作出不利于他人的行动”，当签约一方不完全承担风险后果时所采取的使自身效用最大化的自私行为。道德风险问题是研究保险合同时提出来的，现有学者多使用道德风险概括“搭便车”和机会主义行为。道德风险实质上是合约双方之间的委托代理问题。道德风险会导致市场的低效率。Arrow（1963）指出，如果代理方对自己的行为具有一定的自主权，但是委托方无法监控代理方的全部行为，道德风险就会发生。McKinnon 和 Pill（1998）认为，交易发生后，具有信息优势的一方将最大限度地增进自身效用，与此同时，采取不利于他人的行动，从而导致市场的低效率。国内学者对信息不对称的研究比较晚。张维迎（1996）最早把逆向选择和道德风险引入委托代理的研究中，这标志着中国委托代理问题研究的开始。

二、文献综述

结合现有研究，这里主要从资本结构动态调整的影响因素、股权激励效应、控股股东股权质押动机和经济后果四个方面进行文献综述。

（一）关于资本结构动态调整影响因素的研究

（1）公司特征的影响。公司特征是影响公司资本结构动态调整的基础性因素，这些特征主要包括公司规模、成长能力、盈利能力、现金流状况等。公司规模对资本结构动态调整的影响主要体现在正反两方面：一方面，大公司进行资本结构调整的资金数量巨大，这种规模效应使得资本结构调整中固定成本部分所占比例较小（Jalilvand and Harris，1984）。为了维护形象和声誉，规模较大的公司会更加主动地提高信息披露质量，加上公众媒体、金融机构等的关注，其与外部资本供给者之间的信息不对称程度较低，所以公司逆向选择被发现的概率较大、融资机会较多，有利于加快资本结构趋向目标水平调整的速度（连玉君、钟经樊，2007）。另一方面，规模较大的公司在资本市场进行融资时，由于资金需求量庞大，需要经过多方利益权衡，故调整成本中的可变成本所占比例较大，最终很可能减缓资本结构调整的速度。

公司成长得越快，面临的投资机会就会越多，为迅速把握投资机会，它们对股权或债权等外部资金的渴求更为急切，故公司成长得快，资本结构调整的概率就会增大（龚朴、张兆芹，2014）。如果公司盈利能力较强，经营者就会有更多的内部资金进行资本结构调整，公司也会吸引较多的股权投资者和债权人，所以说盈利能力强能够促进公司的资本结构调整。童勇（2004）发现，公司特征会显著影响资本结构动态调整，公司规模、成长能力、营利性等特征会加快资本结构趋向目标水平调整的速度，而贷款利率和收益波动性则会减慢资本结构调整的速度。

资本结构趋向目标水平调整还受到公司现金流盈亏程度的影响（肖明等，2015）。当资本结构偏离目标水平时，公司会根据现金流盈亏状况，采取不同的策略调整资本结构。具体而言，当资本结构小于目标水平时，公司若现金流大量盈余，则可以通过支付股利或者股票回购等方式减少权益融资促使资本结构向上调整；若现金流大量短缺，则可以通过发行债券或者向银行借款等方式向上调整资本结构。反之，当资本结构大于目标水平时，公司若现金流大量盈余，则可以通过偿还债务的方式向下调整资本结构；若现金流大量短缺，则可以通过发行权益融资方式向下调整资本结构。公司在根据现金流盈亏状况调整资本结构的同时，也平衡了现金流，此时资本结构调整产生的交易成本可以由调整资本结构和平衡现金流产生的收益共同承担，所以资本结构调整成本较低，相应的资本结构调整速度也较快。如果公司单独调整资本结构，其交易成本仅由调整资本结构的收益承担，调整成本相对较高，调整速度也较慢。

此外，公司特征会对资本结构动态调整产生直接影响，这两者之间的关系还会因外部环境因素的变化而变化。Dang 等（2014）实证检验了金融危机发生时公司特征对资本结构调整速度的影响。结果显示，在金融危机发生前，规模较小、拥有较大投资项目、成长较快且收益不稳定的公司，资本结构调整的速度更快；但在金融危机时期，这些因素并没有发挥作用，资本结构调整的速度更多受到资本结构偏离目标程度的影响。

（2）高管特征的影响。关于资本结构动态调整影响因素的研究往往假设管理者是同质的，忽略了其异质性特征对资本结构动态调整的作用。事实上，行为金融理论早就发现，决策者的异质性特征会影响其风险偏好和决策模式，进而影响投资绩效。具体到公司，管理者的异质性特征同样会影响财务决策（Bertrand and Schoar，2003；Graham et al.，2003）。Zahra 和 Pearce（1989）将管理者异质性特征划分为"标签背景"和"内部特征"，前者主要指工作背景、教育背景、年龄、行业经验等外部特征，后者主要指爱好、性格等。由于后者难以获取数据，大部分学者采用"标签背景"来衡量管理者异质性特征。管理者异质性特征代表了社会规范、社会认知和社会学习的约束。这些约束通过情感和理性影响个体行为，而后作用于公司决策。周业安等（2012）认为，资本结构决策会受到管理者异质性特征的影响，高管性别、政治身份、受教育程度、年龄、两职兼任、任期等"标签背景"会显著影响资本结构趋向目标水平调整的速度。

众所周知，资本结构决策具有很强的专业性。如果公司决策者同时也是财务专家，那么将会加快资本结构趋向目标水平调整的速度。专业性决策需要一定的专业知识、经历和能力做支撑。鉴于任职经历的差异，管理者所熟悉的领域也会不同。在某一领域长时间任职的管理者具有该领域专业知识以及选择性认知，更容易识别和解读该领域的变化（Waller et al.，1995），能更好地把握决策时机，作出合理决策。Custódio 和 Metzger（2014）认为，如果 CEO 具有财务背景，受过专业训练，且长期处理过财务相关工作，会对资本结构决策有更深的理解，更能领会负债带给公司的价值，并且对此运用自如。同样，他们对资本市场运行规律也有着深刻的认识，在工作中与银行、投资者等资本提供方保持着良好的关系，所以有财务背景的 CEO 能够促进资本结构的优化调整。姜付秀和黄继承（2013）研究发现，有财务工作经历的 CEO 所在公司的负债水平相对较高，资本结构趋向目标水平调整的速度也会较快。这说明这种管理者的异质性特征对资本结构的优化调整具有重要且积极的影响。

（3）关于外部环境与资本结构动态调整的研究。外部环境主要包括宏观经济环境和制度环境。

第一，宏观经济环境的影响。宏观经济环境是影响公司融资决策的重要因素之一（Chen，2010；Daskalakis，2017）。当经济环境较好时，股票市场和信贷市场的摩擦会减少，公司能轻松地进行股权或者债权融资，有利于资本结构调整；但当经济环境较差时，股票市场或信贷市场的摩擦程度会加剧。

金融机构的风险防范意识不断增强，在经济环境较差时，它们会收缩信贷规模并提高资金成本，从而使公司较难获得资金支持，导致资本结构调整速度较慢。Hackbarth 等（2006）的理论模型表明，资本结构调整速度以及调整幅度受当前经济环境的影响，与经济衰退时期相比，经济繁荣时期公司的资本结构调整更加频繁且调整幅度更小。Cook 和 Tang（2010）实证检验了宏观经济环境对资本结构动态调整的影响。他们采用 GDP 增长率、期限利差、股利收益率和违约利差来测度宏观经济形势，发现经济环境较好时，公司外部融资成本较低，会促进资本结构趋向目标水平调整。Baum 等（2017）认为，当宏观经济风险较高时，财务盈余和资本结构高于目标值的公司资本结构调整的速度更快；而当宏观经济风险较低时，财务赤字和资本结构低于目标值的公司资本结构调整的速度更快。

整体经济环境会对资本结构调整产生影响，具体的经济政策（如货币政策、产业政策）同样会影响公司的资本结构决策。货币政策是政府和中央银行通过货币供应和利率影响经济活动的主要措施。货币政策采用成本机制影响资本成本与存货、固定投资和耐用品等商品的总需求，从而影响公司融资行为和资本结构调整。当中央银行提高利率降低信贷规模时，债务融资成本较高，公司不会优先考虑这种融资方式。但在政府实施扩张性货币政策时，银行信贷资金充足，债务融资的成本也会下降，此时就有了价格优势，公司会倾向于选择债务融资方式。因此，货币政策通过影响公司融资方式来影响资本结构调整。宋献中等（2014）检验了中国不同时期实施的货币政策对资本结构动态调整的影响，发现在货币政策宽松时，公司资本结构调整的速度更快，尤其是具有高成长能力的公司，而在货币政策紧缩时，具有低成长能力公司的调整速度更快。Zhang 等（2015）研究了中国房地产公司资本结构调整行为的影响因素，发现在货币政策紧缩时，公司难以获得更多的债务融资，公司通过增加借款方式向上调整资本结构的概率会降低，从而减慢资本结构向上调整的速度。

产业政策是指国家为了调整产业结构、促进整个产业的发展而制定的经济政策。产业政策往往通过权益和债务两条路径影响资本结构动态调整。在权益融资方面，产业政策会对公司在资本市场上的“准入”给予支持，证监会对公司的首次公开募股集资（IPO）以及再融资（SEO）会考虑其融资需求是否符合现行的产业政策，所以受产业政策支持的公司会拥有更多再融资的机会（Chen et al.，2017）。在债务融资方面，银行等资金供应方会给予产业政策支持公司一定的政策倾斜（王克敏 等，2017）。为促进产业政策的顺利实施，政府将通过多种间接方式进行引导，如税收优惠、财政补贴、政府补助等，这缓解了公司的融资约束。巫岑等（2019）的研究证实了产业政策能够显著影响资本结构动态调整，加快资本结构趋向目标水平调整的速度，提高公司通过增加债务方式调整资本结构的概率及产业政策重点支持的公司以发行股票方式调整资本结构的概率。

经济政策具有不确定性，这种不确定性会阻碍资本结构的动态调整。一方面，在资本结构调整过程中，公司属于资金需求方，经济政策的不确定性提高了信息不对称的程度，使得公司融资风险上升，同时它们也会采取谨慎的投资策略，所以政策的不确定性会降低公司的融资需求和资本结构调整动力。另一方面，银行等金融机构是资本的供给方，经济政策的不确定性会提高借款人和贷款人之间的信息不对称程度，银行等金融机构批准新的贷款的意愿也会降低。如果银行等金融机构预期未来现金流波动会增大、公司的违约概率会提高，就会提高贷款定价，使公司融资成本提高，从而增加资本结构调整成本。王朝阳等（2018）认为，公司为规避经济政策不确定性导致的资本结构调整收益下降和调整成本上升，会采取更加谨慎的投资策略，而银行等金融机构会因“惜贷”降低公司融资的可得性，最终导致资本结构调整速度放缓。

第二，制度环境的影响。不同国家间的制度环境将影响公司的融资决策。Öztekin 和 Flannery（2012）指出，制度环境对公司资本结构调整成本和调整收益的影响，最终体现在资本结构调整的速度上。他们发现，较差的制度环境会阻碍公司进入资本市场、产生更多信息不对称问题以及限制融资需求，致使公司债务融资和权益融资都较为困难，从而影响资本结构调整；如果公司所在国家有强有力的法律体系、完善的金融市场且公司进入资本市场的障碍较小，资本结构将以更快的速度趋向目标水平调整。

法律环境的改善会对公司外部融资（股权融资和债权融资）产生积极作用。在股权融资方面，良好的法律环境有利于阻止公司内部人利益侵占、增加股票流动性以及内幕交易等（La Porta et al.，1997；Brockman and Chung，2003；Bhattacharya and Daouk，2002），从而降低股权融资成本。在债权融资方面，法律对债权人的保护保证了银行执行求偿权的权益（Haselmann et al.，2010），进而提升了银行供给贷款的意愿。因此，在法律环境较好的国家，公司获得的银行贷款规模更大、期限更长、利率更低（Bae and Goyal，2009；DemirgüçKunt and Maksimovic，1999；Laeven，2016）。

良好的法律环境能降低公司债务和权益融资的成本，促进实际资本结构趋向目标水平调整。一方面，如果债权人的法律保护意识增强，将促使公司严格履行贷款契约，降低违约执行成本，致使破产成本增加，提高过度负债公司降低债务的倾向。另一方面，法律环境的改善，有助于减少公司融资时的法律、资产评估等交易费用，降低银行等金融机构的贷款风险，提高它们提供贷款的可能性，进而降低公司的贷款成本。Agrawal（2013）认为，法律环境的改善可以缓解公司融资产生的逆向选择和道德风险问题，抑制高管利益侵占等机会主义行为，使公司在资本市场上融资更加容易，从而降低公司采用发行股票方式调整资本结构的成本。黄继承等（2014）研究后指出，法律环境越好，公司通过外部融资调整资本结构的成本越低，实际资本结构趋向目标水平调整的速度越快。

在当今社会，政治和经济是不可分割的，政治因素对经济产出具有举足轻重的影响。许多学者（Bloom et al.，2007；Pástor and Veronesi，2012；Pastor and Veronesi，2013）认为，宏观层面的政治环境和微观层面公司特有的政治联系会显著影响公司决策和公司业绩。资本结构动态调整是公司财务决策的重要内容之一，它是否会受政治因素的影响已经引起了学术界的关注。公司的政治关联有助于获得外部融资、降低资本成本，也有助于公司获得更多的政府投资，并在极端融资约束期间给予公司资助（Faccio et al.，2006；Duchin and Sosyura，2011；Goldman et al.，2009）。

一个国家资本市场的成熟程度直接影响资本结构调整的实现，发达国家的资本市场较成熟，可以降低资本结构调整时的融资成本，并为公司提供多种渠道的融资（Wanzenried，2006）。然而，在国家对资本市场进行严格监督和管理时，公司股票或者债券的发行将会遭受负面影响。Basu（2015）发现，国家对资本市场进行严格监管时，虽有利于减少公司的“资产替代”行为，但增加了它们外部融资的交易成本，即资本结构调整成本会增加，不利于资本结构趋向目标水平调整。中国的资本市场也存在严格的融资管制。王岩（2018）从股权再融资监管制度出发，研究其对资本结构动态调整的影响，发现严格的股权融资管制会减缓资本结构调整速度，尤其在信息不对称程度较高的公司和非国有公司。

如果信贷市场不存在任何摩擦，公司就可以将资本结构调整到最优或者目标水平（Hugonnier et al.，2015）。在信贷市场上，银行是公司债务融资的资金供应方，会显著影响其资本结构选择（Leary，2009）。银行业竞争加剧，有利于公司实际资本结构趋向目标水平调整（Jiang et al.，2017）——当银行间出现相互竞争时，它们更愿意以较低的利率为公司提供贷款（Guzman，

2000）。Leon（2015）对 69 个发展中国家的银行样本进行研究后发现，银行间的竞争的确减轻了公司信贷约束。因此，当实际资本结构低于目标水平时，激烈的银行竞争可以加快公司资本结构趋向目标值调整的速度，但资本结构高于目标值的样本公司不受影响。

（4）关于公司治理与资本结构动态调整的研究。关于资本结构动态调整影响因素的研究往往忽略了股东和管理者之间的代理问题，以及控股股东和中小股东之间的代理问题。Morellec 等（2012）通过模型推理率先提出股东和管理者之间的代理冲突是影响公司资本结构动态调整最为关键的因素。他们采用管理者私有收益指标衡量代理冲突，并对比了代埋冲突和再融资成本在资本结构决策上的定量作用，发现：当管理者私有收益从 1%增加至 1.25%时，将导致目标资本结构从 32.06%下降至 24.12%；当再融资成本从 1%增加至 1.25%时，仅会使目标资本结构从 32.06%下降至 31.91%。这表明代理冲突在目标资本结构决策上的影响大于再融资成本。他们还发现，管理者在公司债务方面需要承担的成本是股东的 3 倍，而两者的受益却相当。负债能够减少公司自有现金流、约束管理者现金浪费并传递管理者好坏的信息，对管理者具有约束效应，因此管理者往往不愿承担更多公司负债，导致资本结构较慢地趋向目标或者最优水平调整（Jensen，1986；Zwiebel，1996；Harris and Raviv，1990）。基于此，学者们开始围绕如何约束和激励管理者，研究公司治理对资本结构动态调整的影响。

公司治理是通过一套正式和非正式的内部和外部制度或机制来协调公司和利益相关者（股东、债权人、供应者、雇员、政府）之间的利益关系。Chang 等（2014）发现，治理水平较高的公司能够约束和激励管理者，缓解股东和管理者之间的代理冲突，从而加快资本结构的调整速度。在治理水平较低的公司，资本结构以较慢的速度趋向目标水平调整。当目标资本结构大于实际值时，公司处于负债不足的状态，理应促使债务水平趋向目标水平调整。治理水平较低公司的管理者考虑到债务对自身的约束作用，会降低负债水平，使资本结构较慢地向目标值调整。但在目标资本结构小于实际值时，公司处于过度负债状态，理应降低负债趋向目标水平调整，而治理水平较低公司的管理者为规避外部接管，考虑到债务具有接管防御作用，提高了债务水平，致使资本结构较慢地向目标水平调整。

公司若有较好的治理结构和有效的治理机制，会缓解股东和管理者之间的代理冲突，加快资本结构调整的速度。Liao 等（2015）指出，公司董事长和总经理两职分离、董事会中存有更多外部董事以及机构投资者持股比例较高，代表公司治理质量较高。他们发现，这样的公司负债水平较高，资本结构会以较快的速度趋向股东偏好的水平调整。况学文等（2017）也发现，良好的公司治理质量有助于降低资本结构调整成本，加快资本结构调整速度，从而提高公司价值。上述研究从约束管理者行为方面研究公司治理对资本结构动态调整的影响，但是要提高管理者进行资本结构优化调整的积极性，则需要通过激励机制。

第一，高管激励机制的影响。除了约束机制，激励机制也可以协同股东和管理者的利益。为研究激励机制的有效性，部分学者将高管激励和资本结构动态调整相结合，探讨两者之间的关系。高管具有较高的资本专用性，薪酬差距正是人力资本价值差异的体现。管理者薪酬越高，其能力越强，越有可能依据公司内外部环境变化迅速调整公司资本结构决策（张亮亮和黄国良，2013；盛明泉和戚昊辰，2014）。黄继承等（2016）认为，经理薪酬激励机制能够降低代理问题引起的资本结构决策扭曲，经理薪酬激励强度越大，公司在资本结构决策上的扭曲会越小，所以经理薪酬激励可以加快资本结构趋向目标水平调整的速度。谢辰等（2019）也发现，高管薪酬显著加快了公司资本结构调整的速度，发挥了激励作用，降低了代理成本。高管薪酬激励有利于资本结构调整，在调整过程中，资本结构不断趋近最优，从而提升了公司绩效（郭雪萌 等，2019）。

股权激励机制是公司治理中最为重要的一环，公司对高管实施股权激励、加大激励力度可以提高公司价值和业绩水平（Mrhran，1995），这将大大提高公司在资本市场上的融资能力，使其更容易通过外部融资进行资本结构调整。高管股权激励力度越大，越有利于民营公司获得更多银行贷款（胡国强和盖地，2014）。通常而言，实施股权激励计划是公司治理优化的体现，而公司治理的改善将会向市场传递积极的信号，从而降低资本结构调整时的融资成本（Tran，2014）。盛明泉等（2016）实证检验了高管持股与资本结构调整速度之间的关系，指出高管持股比例越高，越有利于加快实际资本结构趋向目标水平调整，且当目标资本结构高于实际值时，高管持股对资本结构调整速度的促进作用更大。

第二，控股股东利益侵占的影响。控股股东利益侵占是指能够控制公司的股东为了获取更多控制权私有收益将公司的资产、收益等资源转移至自己手中的行为。控股股东的利益侵占动机取决于其持股比例的大小。La Porta 等（1999）发现，控股股东通常采用金字塔结构实现控制权和现金流权的分离。在控股股东控制权一定的情况下，其所拥有的现金流权比例越低，他们进行利益侵占的动机越强。因此，控制权和现金流权分离度可以间接衡量控股股东利益侵占动机，也可以测度控股股东和中小股东之间代理冲突的严重程度。控股股东和中小股东之间的代理问题将对公司财务决策产生重大影响（Bae et al.，2002；Lin et al.，2011）。在资本结构决策方面，控股股东利益侵占动机强的公司不再以最优或者目标资本结构为决策依据，而以获得最大化控制权私有收益为目标，导致资本结构调整成本增加，资本结构调整速度减慢。

负债具有股权非稀释效应，也就是说，负债融资不仅不会导致控制权被稀释，反而有利于控股股东以较少的投资获取公司更大的控制权。如果公司进行权益融资，控股股东的控制权很有可能因潜在投资者的收购行为发生转移，从而丧失控制权及其衍生的私有收益。控股股东控制权和现金流权分离程度较大的公司，更倾向于采用负债融资。债务增加了控股股东对公司更多资源的控制以及对中小股东的掠夺空间，特别是在现金流权和控制权分离时，控股股东可以通过担保融资或关联交易等方式将上市公司的资金转移出去，且两者的分离程度越大，这种通过负债方式掠夺公司资源的动机就越强（孙健，2008）。Lepetit 等（2015）基于 17 个欧洲国家商业银行的样本数据，研究了控股股东对银行资本结构调整的影响，结果表明，控制权超过现金流权的控股股东会阻挠商业银行进行权益融资，抑制外部资本进入，以保持其控制权地位，从而减缓资本结构趋向目标水平调整的速度。进一步研究发现，当控股股东是一个家族或者银行总部设在一个股东保护薄弱的国家时，银行会更愿意使用内部资金或通过缩小规模的方式进行资本结构调整，而不愿意发行股票。

负债还具有定期还本付息的特性，若有较多负债要偿还，将导致控股股东可利用的自由现金流减少，从而约束他们的利益侵占行为。当控股股东现金流权和控制权存在较大分离时，意味着其利益侵占动机较强，他们为规避债务的约束作用，在资本结构决策上更倾向于股权融资而不选择债务融资，所以控股股东控制权和现金流权分离度越大的公司，资本结构中的负债比例越低。控股股东的利益侵占行为会促使公司采取保守的债务融资方式；与完备市场相比，非完备市场的控股股东对资本结构进行扭曲的程度更大，以获得更大的侵占收益（夏鑫和杨金强，2017）。同时，控股股东掌握的控制权越多，股东就越不容易更换，他们与中小股东之间的代理冲突也更加明显。邹萍和厉国威（2016）认为，控股股东现金流权和控制权分离程度越大，其利益侵占动机越强，越会规避债务的使用，制定的资本结构决策往往越会背离公司价值最大化的目标，从而使得资本结构不能及时向目标水平调整，甚至往相反方向调整，进而扭曲资本结构决策，导致实际资本结构以较慢的速度向目标水平调整。

第三，外部治理机制的影响。外部治理机制通过约束管理者行为和缓解公司与潜在资本供给者的信息不对称，降低了资本结构调整成本，有利于加快调整速度。外部治理机制主要包括产品市场竞争、审计质量、分析师跟踪、媒体报道等。产品市场竞争可以迫使公司披露较多的信息，竞争对手的信息有利于股东客观评估公司所处的行业环境和管理者的履职程度（解维敏和魏化倩，2016）。管理者若采取低负债政策致使公司业绩变差，很容易被股东识破。因此，产品市场竞争能够降低股东和管理者之间的代理冲突，约束管理者低负债的倾向。黄继承和姜付秀（2015）从公司外部治理机制的视角，研究产品市场竞争对资本结构动态调整的影响，发现激烈的产品市场竞争有助于缓解股东和管理者之间的代理冲突，从而加快资本结构调整速度。产品市场竞争可以作为公司内部治理的替代机制，市场竞争产生的压力效应和清算效应会促使管理者作出使公司利益最大化的决策，推动较低治理水平公司优化资本结构调整。Chang 等（2015）和武力超等（2017）将内外部治理机制相结合，研究产品市场竞争和公司治理的交互作用对资本结构调整速度的影响，发现在这两种机制的共同作用下，公司加快了资本结构趋向目标水平调整的速度。

资本市场是一个由信息驱动的市场，信息不对称会在很大程度上影响资本的配置效率，导致交易成本上升，从而阻碍资本结构趋向目标水平调整（Myers，1984）。高质量的审计、分析师跟踪和外部媒体报道等外部约束机制有助于缓解公司与潜在资本供给者的信息不对称，从而降低融资成本。根据审计信号理论，公司的审计师选择行为是一种信号机制。公司选择审计质量较高的会计师事务所，对银行、券商和其他投资者而言是一种积极信号。这样的公司很可能存在较少的逆向选择问题，且信息更加透明。因此，外部资金供给者会根据公司选择审计师的行为筛选出优质公司，为其提供较低成本的资金以及便利的融资渠道，从而促进资本结构优化调整，加快其调整速度（张娟 等，2010）。

证券分析师作为公司和投资者之间重要的信息中介，会影响投资者对公司的判断，从而影响公司的融资行为。证券分析师通常具有财务和金融知识，同时熟知被跟踪公司所在行业的状况，可以不断挖掘公司特质信息，将研究报告提供给投资者。证券分析师跟踪公司的行为将缓解公司与外部资金供给者的信息不对称，有利于降低资本结构调整成本（凌鸿程，2018）。

除了分析师以外，媒体报道也是投资者和债权人获取信息的渠道。公司在媒体上发布盈余信息越多、报道篇数越多，资本市场的摩擦越小，信息不对称的程度越低（Peress and Fang，2008）。媒体报道覆盖相对广泛，降低了投资者获取信息的成本，有利于增加知情交易者的数量。林慧婷等（2016）指出，媒体作为信息中介，提高了公司信息透明度，降低了资本结构调整成本，提高了公司通过增加借款、发行股票、偿还债务方式调整资本结构的概率。他们进一步研究后发现，媒体报道与证券分析师跟踪在信息中介方面具有替代作用。

（二）关于股权激励效应的研究

这部分主要从股权激励的实施效果对国内外的实证研究进行文献回顾。股权激励效应被认为是股权激励制度的经济后果或实施效果，指股权激励合约的实施给企业绩效或其他行为带来的影响。通过文献梳理可以发现，学术界对股权激励效应的研究主要集中在两大方面：一是股权激励合约与企业绩效之间的相关关系，有学者将其称为股权激励合约的直接效应；二是股权激励合约对投资、创新、股利和盈余管理等企业具体行为的影响，也称作股权激励合约的间接效应。经过数十年的探索，国内外学者在股权激励效应的实证研究上取得了丰硕成果，但也一直存在争议，最终形成了最优契约论、管理者权力论和大股东赎买论等理论假说。

股权激励的直接效应是公司治理领域的核心话题，相关的国内外文献也非常多，但对于股权激励合约的实施与企业绩效之间的关系，始终没有得出一致的结论，从正相关到负相关，再到不相关等，都有一定的经验证据支持。

股权激励合约与企业绩效正相关。该观点基于最优契约论，认为股权激励合约是解决委托代理问题的有效手段，能促使公司股东和管理者的目标函数趋于一致，进而缓解代理冲突，提高企业的经营业绩和市场价值。Mehran（1995）认为，管理层持股水平与公司价值存在显著的正相关关系，其持股价值在总薪酬中的占比越高，公司的价值越大。Palia 和 Lichtenberg（1999）研究表明，管理者持股能克服其短视行为，促进管理层面的变革，提高生产运营效率，进而提高公司价值。Hanlon 等（2003）研究表明，股票期权与企业未来盈余之间存在显著的正相关关系，价值 1 美元的股票期权可以在授予后的 5 年时间里产生 3.71 美元的累计营业收入，期权价值增速非常显著。Chen 和 Ma（2011）研究表明，企业股权激励合约与长期股票收益存在显著的正相关关系。Fang 等（2015）研究表明，股权激励合约在实施当年和实施后的两年内能够显著提高企业绩效。王克敏和陈井勇（2004）研究表明，企业的委托代理成本会随着管理者持股比例的增加而降低，绩效水平会随着管理者持股比例的增加而单调递增。张俊瑞等（2009）采用事件研究法进行研究后发现，股权激励合约具有“凸性激励”效用，即股权激励合约的实施显著改善了一年后公司的净资产收益率。谢德仁和陈运森（2010）研究后发现，股权激励计划公告的累计超额收益率显著为正，表明股权激励计划的推出能给投资者带来显著的财富效应。陈文强和贾生华（2015）检验了股权激励合约效应持续的时间，他们在 6 年的时间框架内发现，股权激励合约对企业绩效的提升作用能持续 3 年。

股权激励合约与企业绩效负相关或不相关。该观点基于管理者权力论，认为高管持股比例的提高增大了管理者的投票权和影响力，增强了管理者抵御外部压力的能力，致使企业价值受损。Defusco 等（1991）研究指出，管理者会在股权激励合约有效期和非有效期内进行盈余管理，股权激励合约实施后，企业利润水平和研发投资支出会显著下降，管理费用和销售费用却会明显上升，这表明股权激励会诱发激励对象的短视行为，达不到长期激励的效果。Kole 和 Lehn（1999）提出，管理者持股的增加会强化激励对象对企业的控制权，使董事会的监督力度减弱，进而导致企业价值下降。基于动态理论预期模型，Benmelech 等（2010）研究表明，股权激励合约与企业盈余管理、财务报表误报和重述有关联，会使管理者隐藏关于企业未来成长能力的坏消息，并选择次优的投资策略，从而导致企业价值的严重高估，随后股价急剧下跌。国内学者李增泉（2000）认为，中国的管理层持股比例普遍较低，难以发挥激励作用，并通过实证研究表明，经理人持股比例与企业净资产收益率无显著相关关系。

一些学者还研究了股权激励的间接效应，即股权激励政策的实施对投资决策、股利政策、盈余管理和创新活动等企业行为的影响。Jensen 和 Meckling（1976）指出，股权激励机制能缓解管理者自利倾向引发的代理冲突问题，促使管理者放弃净现值为负的投资项目，进而达到抑制过度投资的目的。Aggarwal 和 Samwick（2006）在探讨激励、投资与绩效三者之间的平衡关系时发现，股权激励与企业的长期性资本支出显著正相关。罗福碧等（2008）研究表明，高管股权激励与企业投资水平之间具有显著的正相关关系，激励力度越大，投资水平越高。吕长江和张海平（2011）发现，股权激励制度通过抑制企业非效率投资的内在路径间接达到了降低代理成本的目的。汝毅等（2016）研究表明，股权激励合约的实施使高管更倾向于选择快速扩张的对外投资策略，从而显著提高企业对外直接投资速率。

股权激励对企业股利政策的影响。Lambert 等（1989）研究表明，支付现金股利会导致上市企业股价下降，进而降低管理者持有的股票期权价值，因此，为了提高股权激励合约的预期价值，管理者有减少股利支付的强烈动机。Kouki 和 Guizani（2009）研究表明，企业管理者的股票期权持有量与股利发放水平之间存在显著的负相关关系，管理者持有的股票期权数量越多，越倾向于留存更多的企业盈余、发放更少的现金股利。国内学者董艳和李凤（2011）研究表明，只有当管理者持股水平相对较高时，管理层持股才能增加现金股利的支付倾向和力度。吕长江和张海平（2012）通过实证研究表明，相较于没有实施股权激励合约的企业，推出股权激励方案的企业更倾向于减少现金股利的发放，且股权激励方案推出后的股利支付率显著低于股权激励方案推出前的股利支付率。

股权激励对企业盈余管理的影响。Cheng 和 Warfield（2005）研究表明，为了提升上市企业的短期股价，股权激励合约会促进管理者的盈余管理行为。Erickson 等（2006）对 SEC（美国证券交易委员会）公布的 50 家存在财务欺诈企业的数据进行了对照检验，发现高管股权激励薪酬在总薪酬中的占比每增加 1 个百分点，发生财务欺诈的可能性将提高 68 个百分点。Armstrong 等（2010）采用倾向得分匹配法（PSM）进行研究后指出，股权激励与企业会计违规行为无正相关关系，相反，管理者的股权激励水平越高，会计违规行为出现的频率越低。国内学者张海平和吕长江（2011）研究表明，为了影响股权激励合约的行权条件，推动股权激励方案的顺利实施，股权激励合约实施企业的高管存在利用资产减值政策操纵会计盈余的行为。苏冬蔚和林大庞（2010）研究表明，股权分置改革后，对于未推出股权激励的上市企业，其 CEO 股权和期权薪酬占总薪酬的比例与盈余管理程度呈显著的负相关关系，而对于提出或通过激励预案的企业，其两者之间的负相关关系大幅减弱且在统计上不显著。肖淑芳等（2013）研究了中国上市企业股权激励实施中管理者的盈余管理行为，发现他们为了降低将来行权业绩达标的难度，会对行权考核基期的业绩进行向下的盈余管理，说明股权激励是诱发企业盈余管理行为的直接动因之一。

股权激励对企业创新行为的影响。Dong 和 Gou（2010）研究表明，股权激励对研发投入具有显著的促进作用。Makri 等（2006）发现，管理者持股水平与企业创新行为之间具有显著正相关关系。王燕妮（2011）、叶陈刚等（2015）认为，赋予高管剩余索取权有助于实现股东与管理者利益的均衡，提高企业的研发投资水平。Wright 等（2002）研究表明，当高管持有较多股份时，他们反而会保守地作出风险较低的战略决策，因为一旦投资失败，高管财富将遭受重大且无法分散的损失。Tien 和 Chen（2012）对美国上市企业进行研究后指出，股权激励并不能对企业技术创新投入产生促进作用。Panousi 和 Papanikolaou（2012）认为，过高的持股水平会使管理者面对更高的非系统风险，加重高管的风险规避程度，不利于形成创新的支持环境。还有一些学者发现，股权激励与研发支出之间存在非线性关系，即当股权激励力度超出一定的区间时，高管的权力会急剧增强，可能会导致严重的内部人控制问题，加上高管承担技术创新失败的风险随之加大，从而会减少对技术创新等长期风险项目的投资。中国学者陈修德等（2015）也发现，企业研发投资与高管持股之间具有先升后降的倒“U”形关系，即高管持股比例较低会促进研发投资，持股比例较高会抑制研发投资。

（三）关于控股股东股权质押动机和经济后果的研究

（1）控股股东股权质押动机。控股股东进行股权质押的动机大致可归结为融资需求和掏空两方面。

第一，融资需求方面。筹集资金是控股股东利用股权质押的直接原因，凸显出他们资金短缺的现状（艾大力和王斌，2012）。股权质押并不会影响控股股东的控制权且审批程序便捷，这促使控股股东更加青睐这种融资途径（谢德仁 等，2016）。相对于国有控股股东，非国有控股股东面临着更加严重的融资约束，并且受到行政的约束较少，更倾向于采用股权质押融资。但沪深两市发布的上市企业股权质押公告显示，控股股东股权质押资金的投向至少包括四种：投向控股股东本身、投向被质押的上市企业、投向第三方和投向不详。张陶勇和陈焰华（2014）、何威风等（2018）的统计数据显示，控股股东股权质押贷款的主要使用对象是与控股股东有关联的其他企业，而非被质押的上市企业。

第二，掏空方面。控股股东将股权质押给银行、券商和信托金融机构套取现金，从而加大了控制权和现金流权分离的程度，因而能够以较低的成本掏空上市企业。李永伟和李若山（2007）分析了明星电力资金黑洞的案例，发现控股股东为达到掏空上市企业、侵占中小股东利益的目的，通常会以股权质押的方式变现回笼资金。郝项超和梁琪（2009）指出，股权质押是控股股东掏空上市企业套现的重要方式，会导致控制权和现金流权分离程度增加，因而股权质押行为强化了控股股东的利益侵占效应，弱化了其激励效应。郑国坚等（2014）认为，用股权质押衡量控股股东的财务约束和掏空倾向，对控股股东的行为具有较强的解释力。他们发现，当控股股东进行股权质押时，更容易占用上市企业资金，这种资金占用行为会降低企业业绩。

（2）控股股东股权质押的经济后果。诸多学者从不同方面考察了控股股东股权质押引发的代理冲突对企业造成的负面影响，如发布有偏的信息以及进行盈余管理活动掩盖其“防御控制权转移风险”的实质、扭曲企业投资决策，甚至削弱公司治理的作用等，从而降低了公司价值。与其他质押物不同，控股股东股权质押受上市公司股价的影响。若股价跌至平仓线，质权人将会强制平仓，控股股东质押的股权将被出售，从而引发控制权转移风险。为降低这种风险、刺激股价上涨，存在控股股东股权质押的上市公司往往采用披露好消息、隐藏坏消息的方式进行选择性信息披露（钱爱民和张晨宇，2018），并且使用更加隐蔽的方式进行盈余管理（陈德萍和陆星廷，2017）。若股价持续下跌，将会导致投资者疯狂抛售公司股票，从而引发股价崩盘风险，所以控股股东股权质押犹如一颗潜在的“地雷”。谢德仁等（2016）指出，股权质押的控股股东为防御股价崩盘风险和控制权转移风险，会进行信息操纵和盈余管理，逐一排除“地雷”险情。王雄元等（2018）认为，税收规避对股价提升具有长期效应，故可抑制控股股东股权质押衍生的控制权转移问题。Chan 等（2018）研究发现，由于股票回购能够提升上市股价以防御控制权转移风险，控股股东在质押的股权面临较大平仓风险时，会进行更多的股票回购。

控股股东不仅是公司治理的关键力量，也是财务决策的重大影响者，但他们将股权进行质押后，会影响上市公司投融资决策和高管薪酬与业绩的敏感度。研发投资的创新活动对公司长期价值创造具有不可替代的作用，但创新产出的不确定性很高，且需要大量资金投入。股权质押加剧了控股股东两权分离程度引起的道德风险问题，助长了短视心理，会抑制公司创新（张瑞君 等，2017；文雯 等，2018；李常青 等，2018）。除了投资活动，控股股东股权质押还会影响上市公司的融资活动。潘临等（2018）认为，供应商能够感知控股股东股权质押衍生的风险，导致公司获得更少的商业信用融资。欧阳才越等（2018）指出，控股股东股权质押产生的风险性行为会使债权人索要更高的风险溢价①。从而增加公司债务的融资成本。此外，由于控股股东通常不直接参与公司的日常经营管理，其股权质押后进行的防御控制权转移或者掏空行为均需要高管的配合。李常青和幸伟（2018）认为，控股股东进行

① 风险溢价是指投资人要求较高的收益以抵消更大的风险。

股权质押后的风险性行为会影响高管决策，降低其工作的积极性，由于控股股东的干预，公司的实际经营活动不符合价值最大化的原则，从而会扭曲薪酬激励契约，降低高管薪酬与业绩的敏感性。

少量学者研究表明，控股股东股权质押对公司具有积极影响。谭燕和吴静（2013）研究了质押品质量在银行信贷决策中的治理作用，发现股权质押品质量较高，质权人（资金融出方）可以监督质押品并拥有追索权，增强了出质人（资金融入方）的还款意愿，从而降低了公司债务的代理成本。王斌等（2013）研究表明，在股权质押期间，民营上市公司控股股东为了降低控制权转移风险，有更强的动机和能力改善公司业绩，以降低股价下跌导致的平仓风险。

（四）研究述评

第一，关于资本结构动态调整影响因素的早期研究更多关注公司特征、高管特征和外部宏观环境变化对公司资本结构调整速度的影响，并取得了一定进展。但是，诸多文献对公司资本结构的解释力比较有限，存在一些与动态权衡理论不相符的现象，如负债普遍低于最优水平、资本结构调整速度低于预期、资本结构调整不对称等。原因之一是：这些研究往往假设股东和管理者以及控股股东和中小股东的利益完全一致。因此，在很长一段时间里，研究资本结构动态调整的文献很少考虑公司股东和管理者之间以及控股股东和中小股东之间的代理冲突。目前，将管理者动机尤其是被公司授予股权激励合约后的高管动机纳入研究范畴，以及将控股股东动机尤其是质押上市公司股权后的控股股东动机纳入研究范畴的文献较少。

第二，关于高管激励与资本结构动态调整的研究更多关注高管薪酬激励如何影响资本结构动态调整，关于股权激励的研究仅考察高管持股在资本结构动态调整中的作用，而没有基于如何设计股权激励合约视角考察高管股权激励合约及其条款如何对资本结构调整产生影响。为了弥补这方面研究的缺失，本书实证检验了公司是否实施股权激励合约以及行权条件、有效期、股权授予比例和激励方式等合约条款对资本结构动态调整的影响。

第三，关于控股股东动机的研究，现有文献主要集中于两个方面：一方面，聚焦于控股股东控制权和现金流权的分离度，从上市公司角度间接度量控股股东利益侵占行为如何影响资本结构动态调整；另一方面，从股权质押角度直接衡量控股股东利益侵占行为，研究控股股东股权质押对资金占用、盈余管理、信息操纵和创新投入等的影响。从这两方面可以看出，现有文献还未涉及控股股东股权质押与资本结构动态调整之间关系的探究。本书从股权质押这一新的视角，将控股股东和中小股东之间的代理冲突纳入动态权衡理论框架，考察控股股东股权质押如何以及通过何种方式影响资本结构动态调整，以拓展并深化资本结构动态调整的研究内容。

第四，关于公司治理与资本结构动态调整的文献更多集中于探讨单一委托代理问题，以及高管激励机制、控股股东利益侵占和外部治理机制如何影响资本结构调整速度，较少考察双重代理冲突下公司的资本结构调整行为。本书从双重代理冲突角度，将控股股东股权质押与高管股权激励合约相结合，检验两者交互作用对资本结构调整速度的影响，突破了单一委托代理冲突对资本结构动态调整影响的研究框架。

第三章 中国上市公司资本结构调整现状

动态权衡理论认为，实际资本结构偏离最优值（目标值）将会降低公司价值，所以公司有动机将实际资本结构趋向目标水平调整。由于资本结构动态调整受调整成本影响，有些公司仅进行部分调整，并且资本结构调整呈现出不对称性，故研究资本结构动态调整的影响因素具有一定理论价值和现实意义。本章的目标资本结构概念和模型以及衡量资本结构调整速度快慢的标准部分调整模型，都为研究资本结构动态调整影响因素奠定了基础。第四章至第六章从公司治理视角，探讨高管股权激励合约和控股股东股权质押以及两者交互作用对资本结构动态调整的影响，均是在已知目标资本结构模型和标准部分调整模型基础上进行的扩展研究。

一、公司资本结构调整

（一）目标资本结构

目标资本结构是指更加接近最优资本结构的资本结构，它既是公司价值与风险的最佳匹配，又是公司价值最大化的外在表现。当公司融资时，首先，应当符合目标资本结构的要求，即融资对资本结构造成的影响应当保持在目标资本结构许可的范围内；其次，应考虑公司的控制权，在发行股票融资时，拥有控制权的股东持股比例会下降，造成公司控制权的稀释，因此普通股筹资会受到一定限制；最后，要考虑公司现金流出与流入的平衡，现金流出与流入不平衡会影响公司的正常生产经营。但当公司的资本结构偏离目标资本结构时，应对其进行调整。大多数学者认为，公司存在目标资本结构或者最优资本结构。Graham 和 Harvey（2001）在对 392 位上市公司的 CFO 进行问卷调查后发现，81%的公司在进行财务决策时会不同程度地考虑一个目标的债务比率。其中，10%的公司有严格的目标债务比率，34%的公司有相对严格的目标债务比率，剩下 37%的公司有相对灵活的目标债务比率。陆正飞等

（2003）采用同样的方法对中国 500 家上市公司进行了问卷调查，收回有效样本 397 份，结果显示，351 家公司认为应该设定一个“合理”的目标资本结构，其中约 70% 的公司认为 40% ~ 60% 是合理的资本结构区间。李悦等（2007）对上市公司进行的问卷调查结果显示，约 90%的公司选择了灵活或者相对严格的目标债务比率。

（二）资本结构调整动因

资本结构调整是指修正公司的实际资本结构，以使其接近目标水平，即以不影响公司总股本为前提来调整债务和股本组合。公司资本结构调整既可能涉及以股权利益交换负债义务的行为，也可能涉及以某种债务形式交换另一种债务形式的行为。一般来说，公司资本结构调整的动因包括以下四个：

第一，原有资本成本过高。原有资本结构的加权资本过高，会使利润下降，它是资本结构调整的主要动因之一。

第二，原有资本结构中的负债比重较大，导致风险加大。虽然负债筹资能降低成本、提高利润，但风险较大。如果负债筹资风险较大，导致公司无法承担，则破产成本会直接抵减因负债筹资而取得的杠杆收益，公司此时也需进行资本结构调整。

第三，原有资本结构弹性不足。弹性是指公司在进行资本结构调整时原有结构应有的灵活性，包括筹资期限弹性、各种筹资方式间的转换弹性。其中，期限弹性针对负债筹资方式是否具有展期性、提前收兑性等而言；转换弹性针对负债与负债间、负债与资本间、资本与资本间是否具有可转换性而言。当弹性不足时，公司要调整结构很难，但也正是由于弹性不足，公司才要进行资本结构调整。弹性大小是判断公司资本结构是否健全的标志之一。

第四，约束机制的需要。不同的筹资方式，投资者对筹资方的使用约束是不同的。约束过严，在一定意义上有损公司财务自主权，不利于公司灵活调动和使用资金。

（三）资本结构调整的基本方法

公司进行资本结构调整的基本方法有以下三种：

第一，存量调整。当公司债务资本过高时，既可以将部分债务资本转化为权益，又可以将长期债务收兑或是提前归还而筹集相应的权益资本额；当权益资本比例过高时，可以通过减资并增加相应的负债额来调整资本结构。

第二，增量调整。当公司债务资本过高时，可以通过追加权益资本投资来改善资本结构；当债务资本过低时，可以通过追加负债筹资规模来提高负债筹资比重；当权益资本过低时，可以通过筹措权益资本来扩大投资，以提高权益资本比重。

第三，减量调整。当公司权益资本过高时，可通过减资来降低其比重；当债务资本过高时，可利用留存收益来归还债务，以减少总资产，降低债务比重。

总之，资本结构调整是一项比较复杂的财务决策，必须充分考虑影响资本结构的各种因素。将综合资本成本最低的资本结构作为最优资本结构，是较理想的做法，符合现代资本结构理论的客观要求。

为观察公司资本结构的样本分布和调整趋势，以及调整速度和调整方式，本章采用 2006—2017 年沪深 A 股上市公司的非平衡面板数据。样本中剔除了金融业、ST 和 * ST 的样本，由于测度资本结构调整趋势需要连续两年的数据，故剔除了数据只有一年的样本，共得到 22528 个观测值。

二、资本结构样本分布和调整趋势

（一）资本结构样本分布

本章结合资产负债率（负债/总资产）和长期负债率［（长期借款+应付债券+一年内到期的非流动负债）/总资产］的样本集聚情况，描述性分析中国上市公司资本结构现状。

1. 资产负债率样本分布

将全部样本的资产负债率从 0 至 100%按照 10%的间隔分成 10 个区间，从整体上描述上市公司资产负债率样本分布，如图 3.1 所示。

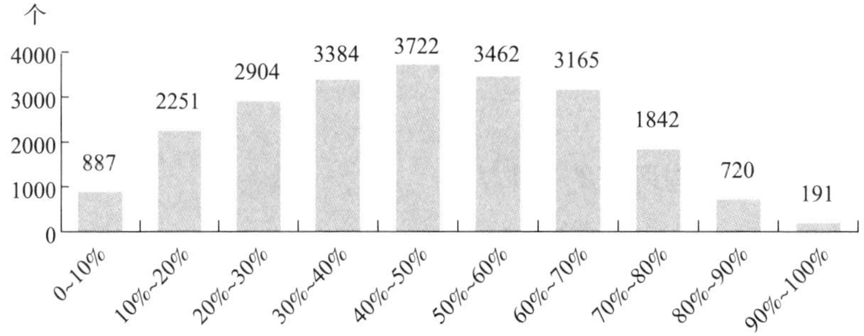

图 3.1　资产负债率样本分布

由图 3.1 可知，上市公司资产负债率处于 50% ~ 100%区间的样本数为

9380个，约42%的样本中负债占总资产的一半；资产负债率处于70%～100%区间的样本数为2753个，约12%的样本公司资产负债率大于70%；资产负债率处于0～20%区间的样本数为3138个，约14%的样本公司资产负债率小于20%，说明中国近三成上市公司存在负债比例过高或者过低的现象。这些公司应树立目标资本结构意识，主动将公司实际资本结构趋向目标水平调整。

2. 长期负债率样本分布

为进一步考察上市公司长短期负债的结构，本章将长期负债率从0至90%按照10%的间隔分成9个区间，考察中国资本结构中的债务期限结构，如图3.2所示。

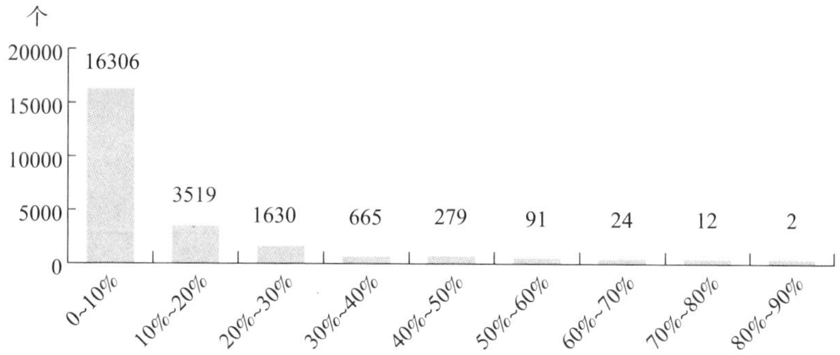

图3.2 长期负债率样本分布

由图3.2可知，将近72%的样本公司长期负债率低于10%。这说明绝大多数公司资本结构的债务期限较短，长期负债率偏低，短期负债较高。可能的原因如下：上市公司发展较快，获得长期借款需要的时间较长，为了保证发展机会，公司倾向于保持更多的短期债务；银行的风险意识增强，对长期借款的管制更加严格，较多发放短期借款；中国债券市场不发达，上市公司通过发放债券方式取得的长期借款相对较少。

总之，由图3.1和图3.2可知，中国上市公司的资本结构不合理。

（二）资本结构趋向目标水平调整

衡量资本结构趋向目标水平调整趋势的基本步骤如下：首先，确定公司目标资本结构；其次，分析资本结构偏离目标程度；最后，观察资本结构是否趋向目标水平调整。

1. 确定公司目标资本结构

根据Flannery和Rangan（2006）的研究，估算目标资本结构的步骤如下：

首先，确定影响公司资本结构的因素。影响公司资本结构的因素主要包括公司特征、公司治理和外部宏观环境等。其次，构建模型，基于沪深 A 股上市公司的非平衡面板数据，将资本结构与公司规模、盈利能力、有形资产比例、成长能力、资本结构中位数、非债务税盾、第一大股东持股比例、高管薪酬、两职合一、高管年龄、市场化程度、GDP 增长率等变量进行回归，近似地拟合目标资本结构。此外，中国仍处于经济转型阶段，资本市场发展时间相对较短，故模型中应考虑时间因素，以控制国家政策变化和经济结构调整对公司资本结构的影响。为了解决不随时间变化的遗漏变量问题，本章控制公司个体固定效应，构建如下双向固定效应模型：

$$Lev_{i,t}^{*}=\gamma X_{i,t-1}+\varepsilon_{i,t} \tag{3.1}$$

其中，$Lev_{i,t}^{*}$表示 i 公司在第 t 年的目标资本结构；$X_{i,t-1}$表示影响资本结构的上述变量以及公司和年度固定效应。

估算目标资本结构的变量见表 3.1。

表 3.1　估算目标资本结构的变量

变量名称	变量计算
资本结构	总负债/总资产
有形资产比例	固定资产净额/总资产
盈利能力	息税前利润/总资产
公司规模	总资产的自然对数
非债务税盾	累计折旧/总资产
成长能力	[(非流通股数/总股本)×净资产+流通股×股价+负债]/总资产
资本结构中位数	资产负债率的行业年度中位数
第一大股东持股比例	第一大股东持股数量/总股本
高管薪酬	高管前三名薪酬总额的自然对数
两职合一	总经理兼任董事长为 1，否则为 0
高管年龄	每家公司高管成员的平均年龄
市场化程度	市场化指数①
GDP 增长率	国内生产总值指数②

注：①市场化程度变量通过樊纲、王小鲁和朱恒鹏编制的《中国市场化指数——各地区市场化相对进程 2011 年报告》中的市场化指数间接衡量。由于该指数更新至 2009 年，故 2010—2017 年各省份的市场化指数数据通过前五年的平均增长率计算获得。②国内生产总值指数来自国家统计局网站。

为降低离群值对回归结果的影响，对所有连续变量进行 1%和 99%的缩尾处理，变量的描述性统计见表 3.2。

表 3.2　变量的描述性统计

变量	观测值	均值	标准差	最小值	P_{25}	中位数	P_{75}	最大值
资本结构	22528	0.448	0.206	0.053	0.286	0.450	0.609	0.889
公司规模	22528	22.016	1.251	19.673	21.113	21.847	22.725	25.892
盈利能力	22528	0.055	0.056	−0.153	0.029	0.051	0.081	0.227
有形资产比例	22528	0.237	0.173	0.002	0.101	0.202	0.340	0.735
成长能力	22528	1.951	1.365	0.579	1.107	1.520	2.279	8.597
非债务税盾	22528	0.021	0.015	0.000	0.009	0.018	0.029	0.071
资本结构中位数	22528	0.438	0.118	0.115	0.354	0.417	0.528	0.727
第一大股东持股比例	22528	0.353	0.150	0.089	0.233	0.335	0.458	0.745
高管薪酬	22528	14.078	0.750	12.152	13.609	14.091	14.552	16.025
两职合一	22528	0.221	0.415	0.000	0.000	0.000	0.000	1.000
GDP 增长率	22528	8.491	2.058	6.700	6.900	7.800	9.600	14.200
高管年龄	22528	48.565	3.129	41.091	46.450	48.619	50.706	55.947
市场化程度	22528	9.974	2.642	4.899	8.236	10.063	11.224	17.836

由表 3.2 可知，资本结构均值为 0.448，最小值和最大值分别为 0.053 和 0.889，说明上市公司资本结构存在负债率偏低或偏高的现象。第一大股东持股比例均值和最大值分别为 0.353 和 0.745，说明中国上市公司依然存在“一股独大”的现象。两职合一均值为 0.221，说明 22.1%样本公司的总经理兼任董事长。高管年龄均值、最小值和最大值分别为 48.565、41.091 和 55.947，说明不同公司间高管的平均年龄相差较大。市场化程度均值、最小值和最大值分别为 9.974、4.899 和 17.836，说明中国各省份之间的市场环境差异较大，可能会影响上市公司对融资方式的选择。有形资产比例均值和最大值分别为 0.237 和 0.735，说明部分上市企业可抵押的资产较多，有利于获得更多的担保资金。其余变量经过“缩尾”处理后，均在合理范围内。

将上述变量代入拟合目标资本结构的模型（3.1）进行回归，结果见表 3.3。

表 3.3　估计目标资本结构模型的回归结果

变量	资本结构
公司规模	0.073*** (34.731)
盈利能力	-0.532*** (-27.057)
有形资产比例	0.041*** (3.544)
成长能力	0.011*** (13.314)
非债务税盾	-0.466*** (-3.496)
资本结构中位数	0.133*** (9.702)
第一大股东持股比例	0.011 (0.856)
高管薪酬	-0.008*** (-3.496)
两职合一	-0.004 (-1.450)
GDP 增长率	-0.036*** (-2.583)
高管年龄	-0.002*** (-3.512)
市场化程度	-0.002** (-2.053)
常数项	-0.777*** (-6.813)
年度固定效应	控制
公司固定效应	控制
观测值	22528
调整 R^2	0.119
F 值	106.615

注：括号内的数值为标准误差经公司层面 Cluster 处理后计算得到的 T 值；***、**分别表示在1%、5%的水平上显著。

由表3.3可知，公司规模、有形资产比例、成长能力和资本结构中位数与资本结构显著正相关，说明规模越大、可供抵押的有形资产越多、公司成长得越快、年度行业资产负债率水平越高，越有利于上市公司获得负债。盈利能力、非债务税盾、高管薪酬、GDP增长率和市场化程度与资本结构显著负相关，说明以下两点：上市公司盈利能力越强，越容易利用内部盈余进行项目投资，也越容易获得权益融资；高管薪酬较多、非债务税盾较多、经济增速较快、市场化程度较高的上市公司，更容易获得权益融资。

将模型（3.1）各变量的回归系数分别乘以各自实际值后相加，即可求出目标资本结构。目标资本结构的描述性统计见表3.4。

表3.4 目标资本结构的描述性统计

变量	观测值	均值	标准差	最小值	P_{25}	中位数	P_{75}	最大值
目标资本结构	22528	0.456	0.184	0.077	0.308	0.450	0.589	0.839

由表3.2、表3.4可知，目标资本结构和资本结构的均值和标准差分别为0.456和0.448、0.184和0.206。从均值和标准差上看，目标资本结构可以覆盖资本结构的实际值，说明估计的目标资本结构相对合理。

2. 资本结构偏离目标程度

在已知本年度实际资本结构的情况下，可通过本年度的公司特征、公司治理和外部宏观环境等变量拟合出未来一年的公司目标资本结构，本年度实际资本结构与未来一年目标资本结构的差距就是资本结构偏离目标的程度，也就是上市公司应对资本结构进行调整的幅度。当偏离目标程度小于零时，说明目标资本结构小于实际资本结构，上市公司处于过度负债状态，应通过偿还债务和发行股票等方式降低资产负债率；当偏离目标程度大于零时，说明目标资本结构大于实际资本结构，上市公司处于负债不足状态，应采取增加借款或者现金分红等方式提升资产负债率。本章基于沪深A股上市公司数据计算资本结构偏离目标程度（偏离目标程度=期末目标资本结构-期初资本结构），其描述性统计见表3.5。

表3.5 偏离目标程度的描述性统计

变量	观测值	均值	标准差	最小值	P_{25}	中位数	P_{75}	最大值
偏离目标程度	22528	0.025	0.077	-0.239	-0.026	0.021	0.048	0.248

由表3.5可知，偏离目标程度的均值、最小值和最大值分别为0.025、

-0.239和0.248，说明上市公司的确存在资本结构偏离目标水平的情况，且偏离幅度较大，多数公司实际资本结构小于目标值或者最优值，处于负债不足的状态。

3. 公司资本结构有向目标水平调整的趋势

要观测资本结构是否趋向目标水平调整，需要考察两个指标：一是资本结构偏离目标程度；二是资本结构实际调整程度（实际调整程度=期末资本结构-期初资本结构）。偏离目标程度衡量的是实际资本结构偏离目标水平的幅度，也就是上市公司应调整的幅度。若偏离目标程度大于零，则说明公司应向上调整资本结构，也就是说，资本结构实际调整程度应为正；若偏离目标程度小于零，则说明公司应向下调整资本结构，也就是说，资本结构实际调整程度应为负。接下来，本章将绘制偏离目标程度和实际调整程度的关系图，以更直观地观察上市公司是否趋向目标水平调整。将偏离目标程度从小到大排列后分成四组，并求每组的均值，依次形成横轴的四个坐标点。纵轴是实际调整程度，按照偏离目标程度分成的四组，分别求各组实际调整程度的均值和中位数，通过黑色和灰色柱体显示相应坐标点，如图3.3所示。

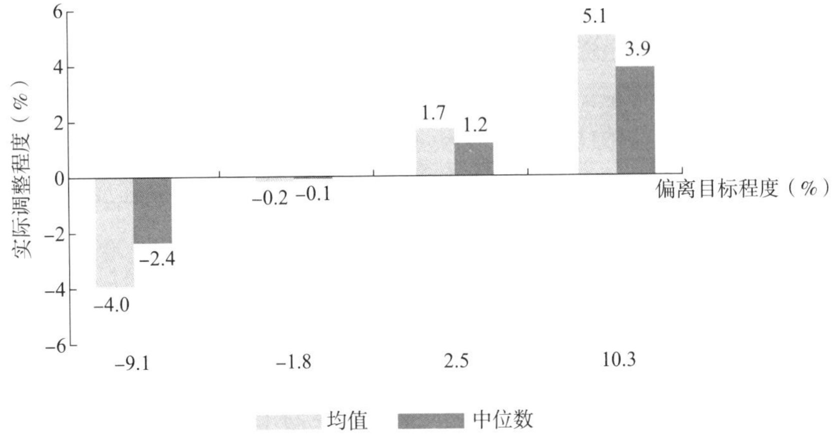

图3.3 资本结构趋向目标水平调整

由图3.3可知，偏离目标程度为-9.1%和-1.8%时，对应的实际调整程度均值（-4.0%和-0.2%）和中位数（-2.4%和-0.1%）均为负数，说明目标资本结构小于实际值时，公司通过偿还债务或者发行股票等方式将资本结构向下调整，资本结构有向目标水平调整的趋势。当偏离目标程度为2.5%

和 10.3%时，实际调整程度的均值（1.7%和 5.1%）和中位数（1.2%和 3.9%）均为正，说明目标资本结构大于实际值时，公司通过增加借款或者现金分红等方式将资本结构向上调整，资本结构也有向目标水平调整的趋势。

三、资本结构调整速度和调整方式

（一）资本结构调整速度

上市公司实际资本结构有向目标水平调整的趋势，资本结构以何种速度趋向目标水平，仍需通过标准部分调整模型进行估算。资本结构调整速度的确定步骤如下：首先，确定衡量资本结构调整速度的模型和变量；其次，通过最小二乘法，基于沪深 A 股上市公司数据进行估计。

现有研究中大多学者（Flannery and Rangan，2006；Lemmon et al.，2008；盛明泉 等，2016）采用标准部分调整模型估算资本结构调整速度，本章也采用该模型进行估算，具体如下：

$$Lev_{i,t}-Lev_{i,t-1}=\delta(Lev_{i,t}^{*}-Lev_{i,t-1})+\varepsilon_{i,t} \tag{3.2}$$

其中，（$Lev_{i,t}^{*}-Lev_{i,t-1}$）为偏离目标程度，指 i 公司 t 年目标资本结构与 $t-1$ 年实际资本结构的差值，用于测度资本结构年度间偏离目标程度，也就是公司应调整的幅度；（$Lev_{i,t}-Lev_{i,t-1}$）为实际调整程度，指 i 公司 t 年与 $t-1$ 年资本结构的差值，也就是资本结构年度间实际调整的幅度；（$Lev_{i,t}^{*}-Lev_{i,t-1}$）也可记为 $Dev_{i,t}$，实际调整程度（$Lev_{i,t}-Lev_{i,t-1}$）也可记为 $\Delta Lev_{i,t}$；$\varepsilon_{i,t}$ 为残差。因此，模型（3.2）也可写成模型（3.3）：

$$\Delta Lev_{i,t}=\delta Dev_{i,t}+\varepsilon_{i,t} \tag{3.3}$$

其中，δ 为资本结构调整速度。若 $\delta=1$，说明公司可以在一个周期内完成全部调整，即不存在调整成本，第 t 年的实际资本结构处于目标水平上；若 $\delta=0$，说明资本结构调整成本大于调整收益，公司不需进行任何调整，那么第 t 年的实际资本结构依然保持在期初水平；若 $0<\delta<1$，则表示资本结构调整时面临调整成本，仅需进行部分调整。

通过标准部分调整模型进行回归的结果见表 3.6。本章除了报告样本公司整体的资本结构调整速度，还按照调整方向，将全样本分为向上调整组（目标资本结构大于实际值）和向下调整组（目标资本结构小于实际值），分别观察资本结构向上调整速度和向下调整速度。

表 3.6　标准部分调整模型的回归结果

变量	实际调整程度		
	全样本	向上调整组	向下调整组
偏离目标程度	0.420*** (56.206)	0.383*** (31.244)	0.448*** (29.423)
常数项	0.006*** (20.339)	0.009*** (10.662)	0.007*** (7.407)
观测值	22528	12274	10254
调整 R^2	0.220	0.106	0.097
F 值	3159.126	976.169	865.698

注：括号内的数值为标准误差经公司层面 Cluster 处理后计算得到的 T 值；***表示在1%的水平上显著。

由表 3.6 可知，偏离目标程度与实际调整程度的回归系数为 0.420（T 值为 56.206），即资本结构偏离目标程度越大，公司对资本结构调整的幅度就会越大。这说明中国上市公司存在目标资本结构，资本结构的确趋向目标水平调整，但调整的过程中因会受到调整成本的影响，仅进行了部分调整，平均调整速度为 42.0%。区分调整方向后，在向上调整组中，偏离目标程度与实际调整程度的回归系数为 0.383（T 值为 31.244），也就是说，资本结构向上调整的速度为 38.3%；而在向下调整组中，偏离目标程度与实际调整程度的回归系数为 0.448（T 值为 29.423），也就是说，资本结构向下调整的速度为 44.8%。资本结构向下调整的平均速度大于向上调整的平均速度，呈现出不对称性。

目标资本结构的估计很有可能存在衡量偏误，从而影响标准部分调整模型的回归结果。为检验该问题对实证结果的影响，对标准部分调整模型（3.2）进行扩展，构建模型（3.4）：

$$Lev_{i,t}-Lev_{i,t-1}=\delta[(Lev_{i,t}^{*}+\zeta_{i,t})-Lev_{i,t-1}]+\varepsilon_{i,t} \tag{3.4}$$

其中，（$Lev_{i,t}^{*}+\zeta_{i,t}$）为考虑衡量偏误后的目标资本结构；$\zeta_{i,t}$ 为测量误差项，将其设定为正态分布的随机数 $\zeta_{i,t}\sim(0,\ sigma^2)$。可通过改变随机数 $sigma$（标准差）来间接测度目标资本结构衡量偏误的大小，进而观察不同程度衡量偏误下，偏离目标程度和实际调整程度之间的关系，回归结果见表 3.7。

表 3.7 考虑目标资本结构衡量偏误后的回归结果

变量	实际调整程度				
	5%	10%	20%	25%	50%
偏离目标程度	0.345*** (49.934)	0.201*** (39.308)	0.077*** (27.118)	0.053*** (22.769)	0.015*** (12.746)
常数项	0.007*** (18.956)	0.008*** (18.544)	0.009*** (19.644)	0.009*** (19.226)	0.010*** (19.543)
观测值	22528	22528	22528	22528	22528
调整 R^2	0.175	0.101	0.039	0.028	0.008
F 值	2493.373	1545.104	735.370	518.414	162.461

注：括号内的数值为标准误差经公司层面 Cluster 处理后计算得到的 T 值；***表示在 1%的水平上显著。

由表 3.7 可知，当随机数 *sigma* 分别为 5%、10%、20%、25%和 50%时，偏离目标程度和实际调整程度的回归系数（也就是资本结构调整速度）分别为 0.345、0.201、0.077、0.053 和 0.015，均在 1%的水平上显著。这说明即使目标资本结构的测量存在误差，上市公司依然会将实际资本结构趋向目标水平调整，且随着衡量偏误越来越大，资本结构调整的速度会越来越慢。

（二）资本结构调整方式

中国上市公司存在目标资本结构，且以 42%的调整速度趋向目标水平调整。资本结构趋向目标水平调整的速度取决于具体的资本结构调整方式。Leary 和 Roberts（2005）指出，公司趋向目标水平调整的方式有多种，主要包括增加借款、偿还债务、发行股票和负权益融资（主要指股票回购）等。依据中国上市公司融资现状，绝大部分债务资金来自银行贷款，发行债券的比重相对较小，权益资金中股票回购的现象也不常见。因此，中国的资本结构调整方式主要是增加借款、偿还债务、发行股票和现金分红。

借鉴巫岑等（2019）的研究，测量每一种资本结构调整方式的调整额在总资产中的比重。增加借款方式的调整额通过“取到借款收到的现金”在期初总资产中的比重度量；现金分红方式的调整额通过“分配股利、利润或偿付利息支付的现金”在期初总资产中的比重度量；偿还债务方式的调整额通过“偿还债务支付的现金”在期初总资产中的比重度量；发行股票方式的调整额通过“吸收权益性投资收到的现金”在期初总资产中的比重度量。上述资本结构调整方式的描述性统计见表 3.8。

表 3.8　资本结构调整方式的描述性统计

调整方式	样本数	均值	标准差	最小值	P_{25}	中位数	P_{75}	最大值
增加借款	16874	0.274	0.228	0.002	0.102	0.227	0.383	1.210
现金分红	19044	0.028	0.019	0.001	0.015	0.025	0.036	0.113
发行股票	9506	0.085	0.175	0.000	0.002	0.008	0.074	1.011
偿还债务	17239	0.240	0.201	0.001	0.087	0.198	0.339	1.031
未调整	3412	0.000	0.000	0.000	0.000	0.000	0.000	0.000
观测值	22528	1.510	1.939	0.000	0.000	0.000	4.000	4.000

由表 3.8 可知，绝大多数公司通过增加借款、现金分红、发行股票和偿还债务等方式进行资本结构调整；未采用这几种方式调整资本结构的公司样本仅有 15.15%（3412/22528）；采用最多的方式是现金分红，其次是偿还债务，而后是增加借款，使用最少的方式是发行股票；在通过债务方式调整资本结构的样本中，偿还债务的样本多于增加借款，而在通过权益方式调整资本结构的样本中，现金分红的样本远远多于发行股票。资本结构调整方式的均值为 1.510，说明公司至少采用一种方式进行资本结构调整；P_{75}（四分之三分位数）和最大值均为 4.000，表明 1/4 的样本公司同时采用这四种方式进行资本结构调整。

在资本结构调整方式样本均值中，增加借款的调整额占总资产比重为 27.4%，偿还债务的调整额占总资产比重为 24%，现金分红的调整额占总资产比重为 2.8%，发行股票的调整额占总资产比重为 8.5%。由此可见，相对于权益融资方式，调整债务方式对资本结构的影响更大。

第四章 高管股权激励合约与资本结构动态调整

公司所有权和经营权的分离导致股东与管理者之间的代理问题。高管股权激励合约是解决股东与管理者之间代理冲突（第Ⅰ类代理冲突）的有效机制。实证检验公司是否实施股权激励合约以及合约中的行权条件与有效期、股权授予比例、激励方式等条款对公司资本结构调整速度的影响，进而有效设计股权激励合约，促使公司实际资本结构加快向目标水平调整的速度，是本章研究的主要目的。

股权激励机制有助于降低企业委托代理成本（Jensen and Meckling, 1976），它不仅在现代公司治理中发挥着重要作用，也是成熟市场经济的重要标志。2016 年 8 月 13 日，中国证监会发布了《上市公司股权激励管理办法》，这既标志着股权激励制度的正式确立，也充分肯定了股权激励合约在形成资本所有者和劳动者的利益共同体、调动管理层及核心员工积极性等方面发挥的积极作用。但也有文献表明，实施股权激励计划以后，管理层短视行为增加、自利动机进一步增强，为达到行权目的进行股价操纵等，股权激励合约演变成了管理层谋取个人福利、“自发红包”的寻租工具（肖淑芳和张超，2009；Collins et al.，2017）。因此，设计合理的股权激励合约对于完善公司治理机制具有重要意义。在中国资本市场实践中，如何更好地使股权激励机制“因地制宜”，也需要进一步探索。本章以财务理论中的重要议题资本结构动态调整为切入点，研究股权激励合约异质性特征下管理层对企业财务决策的影响。

动态权衡理论认为，资本结构调整速度快慢的关键在于调整成本。多数学者从企业内外部出发，分别考察现金流、外部经济状况等因素如何影响调整成本，进而影响资本结构调整（Faulkender et al.，2012；Cook and Tang, 2010）。Morellec 等（2012）首次将股东和管理者间的代理冲突引入动态权衡理论模型，发现代理冲突是影响资本结构调整最为关键的因素。代理冲突越明显，越容易导致资本结构调整惰性，从而提高实际资本结构与目标水平偏离的程度，不利于提升公司价值。薪酬契约是管理层和股东间代理问题的修正机制，通过设计合理的薪酬契约尤其是股权激励合约，可以缓解代理冲突，强化股东和管理者之间的互利机制和协同效应，提升企业的风险承担水平。因此，设计合理的股权激励合约机制以缓解代理冲突，促使实际资本结构趋向目标水平调整，成为资本结构决策研究的重要内容之一。

关于股权激励如何影响资本结构决策的文献已汗牛充栋，现有研究主要集中于两方面：一是股权激励对资本结构静态水平的影响（Berger and Yermack，1997；Agha et al.，2013）；二是只检验了高管持股单一激励指标对资本结构调整速度的影响（盛明泉 等，2016），没有具体考察企业实施股权激励事件以及合约中的行权条件、有效期、激励强度与激励方式等条款对资本结构调整的影响，故不能完整呈现股权激励实施效果。中国股权激励实施需经过严格程序，实施的企业多是治理完善、业绩优良型，故即使观察到资本结构决策得以优化，也无法辨别是股权激励合约的作用，还是样本“自选择”的结果。

为克服样本“自选择”产生的内生性问题，本章将得分匹配和多元回归方法相结合，在实证检验企业实施股权激励合约对资本结构动态调整影响的基础上，把合约条款细分为约束性条款、激励性条款和激励方式等，分别检验其对资本结构调整的影响，并区分产权性质和调整方向。然后，考察股权激励合约对资本结构调整方式的影响。

本章研究丰富了公司治理与资本结构动态调整的现有研究，也为完善股权激励合约机制、合理安排企业资本结构提供了外部治理途径。

一、理论分析和研究假设

（一）股权激励合约与资本结构调整速度

现代公司控制权和所有权分离导致了股东和管理者之间的代理问题，双方利益的不一致催生了道德风险，使公司内部消耗增加、效率降低，制约了公司的良性发展。由于管理者不具有公司全部股权或者剩余索取权，他们承担了个人努力的全部成本却只获得部分增量收入，因此热衷于追求在职消费等行为。负债作为一种担保机制，能够使管理者增加个人努力而减少在职消费等行为，同时减少了他们用于挥霍的“自由现金流”，故他们倾向于更少的债务融资，以至低于股东预期水平。在资本结构调整方面，资本结构趋向目标水平调整的过程同样受代理冲突的影响。Morellec 等（2012）研究发现，债务对管理者的成本是债务对股东成本的三倍，而债务给管理者带来的收益略低于债务给股东带来的收益。当管理者获得公司资源配置权时，其与股东间的收益和成本不一致将导致公司资本结构以较慢的速度趋向目标水平调整。

股权激励合约是管理者与股东间代理冲突问题的修正机制，公司通过授予管理者限制性股票或股票期权等，激励他们作出有利于股东价值最大化的决策。股权激励合约可以改善管理者的薪酬结构，对他们的边际贡献给予相应补偿，从而提高了他们承受风险的水平，使他们愿意选择风险较高的投融资项目，促进公司长期价值提升（Shue and Townsend，2017）。Coles 等（2005）研究表明，持有股票期权的 CEO，其股票期权价值对股票收益波动越敏感，他们越愿意投资于高风险项目、采用更高财务杠杆以及进行更多研发投资。王栋和吴德胜（2016）发现，股权激励提升了高管承受风险的水平，使公司集中投资于高风险且高回报的项目，同时增加了公司负债。这些风险性投资决策和激进的财务决策，提高了管理者对投资风险和财务风险的容忍度，促使管理者积极调整资本结构，降低资本结构偏离目标程度。

管理者的人力资本具有相对较高的资产专用性，股权激励合约将其人力资本和股东的实物资本捆绑，使他们共同参与公司剩余收益的分配。这种方式不仅让管理者以公司“主人公”的身份自居，还有利于约束其机会主义行为。相对于其他激励机制，股权激励具有“金手铐”的作用。Balsam 和 Miharjo（2007）检验了股权激励对高管离职的影响，发现股权激励与高管离职率之间存在显著负相关关系。宗文龙等（2013）也验证了股权激励的“金手铐”作用，指出股权激励合约显著降低了高管更换的概率，并且股票期权和限制性股票激励方式对高管离职率的影响没有显著性差异。股权激励合约对高管具有长期激励和约束作用，避免了高管频繁更替对公司价值的损害。高管股权激励合约的“金手铐”作用，缓解了股东和管理者之间的代理冲突，从而有助于降低资本结构调整成本。

股权激励合约的实施还被认为是公司一项重大的治理改革，目的是使管理者和股东风险共担、利益共享，可以向市场传递公司治理得以优化的信号。公司治理的改善会向市场传递积极信号，有助于降低资本结构调整时的融资成本。高管股权激励实施产生的调整成本减少和公司融资能力的提升均可能加快资本结构调整的速度。盛明泉等（2016）较早检验了高管持股与资本结构调整速度之间的关系，发现高管持股比例越高，越有利于加快资本结构趋向目标水平调整的速度。

根据上述分析，提出如下假设：

假设 4-1：高管股权激励合约加快了资本结构趋向目标水平调整的速度。

（二）行权条件和有效期条款与资本结构调整速度

股权激励合约主要条款包括行权条件、有效期、股权授予比例和激励方式等，这些条款可以反映合约特征。行权条件是合约中最为关键的约束性条款，管理者需要努力完成既定的行权业绩指标，否则无法得到人力资本的剩余索取权。只有顺利行权，管理者才能分享自身管理经验和股东物质资本共同创造的财富。中国实施的股权激励合约均是业绩型，高管只有满足规定的绩效考核指标才可行权。如果行权条件的考核指标低于前三年该指标均值或任意一年，被认为是“福利型”合约（吕长江 等，2009），该类合约不仅不能解决代理问题，还会增大管理层获取私有收益的空间。公司设计严格的业绩条件，才能实现更高的经营效率（Bennett et al.，2017），股权激励合约的积极作用才会更加显著。体现在资本结构动态调整上，高标准行权条件会促使管理者积极努力地调整资本结构：当资本结构高于目标水平时，“去杠杆”以降低公司面临的破产风险和负债利息压力；而当资本结构低于目标水平时，提高财务杠杆水平，发挥负债的相机治理作用，通过向下和向上调整资本结构，最终降低资本结构偏离目标程度，提高资本配置效率。因此，公司设计高标准行权条件有利于加快实际资本结构趋向目标水平调整的速度。

有效期也是约束性条款之一。公司设计的股权激励合约中规定，管理者需经过等待期、解锁期、禁售期、锁定期等期限制约，才能得到相应的股权收益，并在合约有效期内实行分批行权。如果合约中设置较短的有效期，则对激励对象的时间约束不足，容易引发严重的盈余管理行为（Collins et al.，2017）。但较长的有效期会将管理层股权激励收益锁定在未来，这种人力资本预期收益的实现方式有助于降低他们的逆向选择和道德风险问题。李丹蒙和万华林（2017）发现，股权激励的有效期越长，越有利于管理层从公司长远发展角度进行经营决策，增加研发投入。

根据上述分析，提出如下假设：

假设4-2：股权激励约束性条款中的行权条件标准越高、有效期越长，越有利于加快资本结构趋向目标水平调整的速度。

（三）股权授予比例与资本结构调整速度

股权授予比例是公司股权激励合约设计的重要问题，也是衡量激励强度的依据。管理者被授予的股权比例越高，他们按照股东价值最大化行事的边际效益越大，其个人收入和公司业绩之间的敏感性越强。但只有当激励收益达到预期水平时，股权激励合约才能发挥作用（刘井建 等，2017）。

相反，若股权激励授予比例较低，资本结构调整实现的价值增长对授予对象收益影响幅度较小，股权激励合约则很可能失去吸引力，达不到预期治理效果。

资本结构缓慢调整，不仅有损股东收益，也会影响高管切身利益，因而更多的权益激励薪酬会促使管理者提高资本配置效率，积极地将资本结构趋向目标水平调整。管理者持股比例越高，越有利于缓解股东和管理者之间的代理冲突，降低资本结构调整成本，促进资本结构动态调整（Morellec et al.，2012）。

根据上述分析，提出如下假设：

假设 4-3：公司授予高管较高的股权比例，有利于加快资本结构趋向目标水平调整的速度。

（四）激励方式与资本结构调整速度

激励方式是指激励合约中规定的授予管理者股权的形式。绝大多数上市公司采用股票期权或限制性股票方式对管理者进行激励。不管采用什么样的激励方式，目的都是实现股东和管理者之间的利益协同、风险共担。2012 年以后，中国公司大多选择限制性股票的激励方式（肖淑芳 等，2016），这种激励方式与股票期权存在区别。权利和义务、激励和惩罚的不对称是这两种激励方式最大的区别（Bryan et al.，2000）。具体来说，股票期权和限制性股票的区别体现在以下两个方面：一是持有风险不同。股票期权只有行权获益权利，无必须行权义务，故不存在持有风险。限制性股票的激励对象不同，在解除限售期内，如果股价上涨，激励对象可获益；如果股价下跌，激励对象无权放弃；如果股价跌破授权价，则激励对象资金会受损。二是资金压力不同。股票期权的激励对象只有在行权时才会分批投入资金进行购买，资金压力较小；而限制性股票的激励对象需要即期投入全部股权的认购资金，在解除限售期内需依据业绩条件是否达成分批解除限售，收回资金。

限制性股票逐渐成为高管薪酬的重要组成部分，与股票期权激励方式相比，它对管理者的约束性更强。谢德仁和汤晓燕（2014）从现金分红的角度考察了不同股权激励方式的作用，指出限制性股票是比股票期权更佳的股权激励方式，能够更好地将股东长远利益和管理者利益捆绑在一起。

根据上述分析，提出如下假设：

假设 4-4：相比股票期权，限制性股票更能促使公司加快资本结构趋向目标水平调整的速度。

（五）股权激励合约与资本结构调整方式

负债能够减少公司自有现金流、约束管理者现金浪费并传递管理者好坏的信息，对管理者具有约束效应，所以管理者不愿承担更多公司负债，导致资本结构较慢地趋向目标水平调整。与其他激励方式相比，股权激励使高管收益随着公司价值变动而变化，更能激励管理者承担风险，提高负债比例。Dong 等（2010）研究表明，持有股票期权的 CEO 若自身财富对股票收益更加敏感，则倾向于提高负债水平，改善公司负债不足状况。因此，高管股权激励合约有助于提高公司通过增加借款方式调整资本结构的概率。

虽然高管股权激励合约的风险承担效应提升了公司负债水平、推进了高风险项目的投资，但投资者却认为这种激励形式产生的风险是不可分散的。为弥补风险溢价，投资者会要求更高的权益资本成本（Chen et al.，2013）。此外，高管股权激励引起的公司风险性行为将会增加现金流的波动，同样能导致权益资本成本上升（Minton and Schrand，1999），从而增加资本结构调整成本。由此可见，高管股权激励合约会降低公司通过发行股票方式调整资本结构的概率。

如果公司处于高负债水平，将面临较大破产风险，不利于稳定经营。股权激励合约会产生"金手铐"作用，将高管的人力资本固定于上市公司。为降低高负债风险，高管会加快偿还债务的速度，以优化资本结构决策。因此，高管股权激励合约有利于提高公司通过偿还债务方式调整资本结构的概率。

现金分红同样受到高管股权激励合约的影响。Lambert 等（1989）指出，在股权激励背景下，高管出于个人利益动机会对股利政策施加影响，从而降低现金股利水平。因为现金股利既会降低股票期权价值，又会减少高管奖金数量，所以高管为自身利益考虑，会减少现金分红。后续的学者（Hu and Kumar，2004；Cuny and Martin，2009）基于美国上市公司数据进行分析后发现，高管股权激励计划与现金股利发放显著负相关，但与股票回购显著正相关，说明实施股权激励计划的公司用股票回购替代了现金分红。Liljeblom 和 Pasternack（2006）基于芬兰上市公司数据进行分析后发现，对股权激励计划进行股利保护的公司，显著提升了现金股利发放水平。

上述研究表明，高管股权激励合约会显著影响现金股利，但在不同的国家存在差异。问题的关键在于股权激励计划的股利保护政策。中国股票期权也属于股利保护型①，股票期权的价值不会因为分红而贬值，从而避免了高管因期权价值受损而减少现金股利分配。肖淑芳和喻梦颖（2012）、陈红和郭丹（2017）的研究也证实了高管股权激励计划可以促进现金分红发放。后者进一步研究后指出，相对于股票期权，限制性股票更能显著提高现金股利水平。

根据上述分析，提出如下假设：

假设 4-5：高管股权激励合约提高了公司通过增加借款、现金分红和偿还债务方式调整资本结构的概率，降低了公司通过发行股票方式调整资本结构的概率。

二、研究设计

（一）样本选择和数据来源

本章以中国 2006—2017 年 A 股上市公司数据为样本，按照以下顺序进行筛选：剔除金融类公司（金融行业的商业模式有别于其他行业，财务报表结构和主要会计项目也异于一般行业）；剔除 ST 和*ST 公司（这些公司需进行特别处理或面临退市预警，其财务数据不能反映中国上市公司普遍财务状况）；剔除变量数据缺失的样本；估计资本结构调整速度需要连续两年的上市公司数据，故剔除只有一年数据的样本。剔除后，共获得 22528 个观测值，其中实施股权激励的样本有 3573 个，未实施股权激励的样本有 18955 个。本章数据来源于国泰安（CSMAR）数据库。为减少异常值影响，对连续变量进行 1%和 99%的缩尾处理。

（二）变量定义

1. 被解释变量

被解释变量为资本结构调整速度，通过第三章中标准部分调整模型（3.3）估算。该模型涉及两个变量：一是偏离目标程度（$Dev_{i,t}$，指 i 公司 t 年的目标资本结构与 t-1 年实际资本结构的差值），用于测度资本结构年度间

---

① 中国证监会发布的《上市公司股权激励管理办法》第二十五条规定，上市公司因标的股票除权、除息或其他原因需要调整行权价格或股票期权数量的，可以按照股票期权计划规定的原则和方式进行调整。具体是指，在被激励对象行权前，公司发生派发现金股利、送股或资本公积金转增股本等影响公司发行在外总股份数量或公司股票价格等行为时，也同步针对股票期权的行权价格进行除权、除息的处理。例如，每股派发现金股利 1 元人民币，股票期权的行权价格也下降 1 元人民币；再如，公司用留存收益每 10 股送 10 股时，股票期权的行权价格调整为原行权价格除以 2，即新的行权价为原行权价的 50%。

偏离目标程度；二是实际调整程度（$\Delta Lev_{i,t}$，指 i 公司 t 年与 $t-1$ 年资本结构的差值），用于衡量资本结构年度间的实际调整幅度。

本章采用双向固定效应模型，将资本结构与公司规模、盈利能力、成长能力、有形资产比例、资本结构中位数、非债务税盾、第一大股东持股比例、高管薪酬、两职合一、高管年龄、市场化程度、GDP 增长率等变量进行回归，近似地拟合出公司的最优资本结构（目标资本结构）。

2. 解释变量

解释变量为高管股权激励合约及其条款。股权激励合约（$Inc_{i,t}$），指上市公司是否对高管设置了股权激励合约，若设置了，则赋值为 1，否则为 0。具体合约条款如下：

（1）行权条件（$Cond_{i,t}$），反映股权激励合约约束程度的条款。行权条件越高，股权激励的约束程度越强。若上市公司以净利润、净资产收益率等财务指标作为行权条件，当所有指标均大于前三年的任意一年时，则赋值为 1，否则为 0。

（2）有效期（$Dura_{i,t}$），指合约中规定的实行日与结束日之间的期限，也是反映股权激励合约约束程度的条款。有效期越长，合约对高管的约束程度越强。若有效期大于等于年度和行业中位数，记为 1，否则为 0。

（3）股权授予比例（$Inten_{i,t}$）。可通过上市公司授予高管股权占总股本的比例衡量激励的强度。若授予股权比例大于等于年度和行业中位数，记为 1，否则为 0。

（4）激励方式（$Type_{i,t}$）。上市公司若采用限制性股票激励方式，赋值为 1，否则为 0。

本章所有变量的说明见表 4. 1。

表 4. 1　变量说明

变量类型	变量名称	变量说明
被解释变量	资本结构调整速度	通过标准部分调整模型（3. 3）估算，该模型涉及资本结构实际调整程度和偏离目标程度两个变量
解释变量	股权激励合约	当公司实施了股权激励合约，则赋值为 1，否则为 0
	行权条件	行权条件高于前三年业绩指标的任意一年，赋值为 1，否则为 0
	有效期	合约有效期大于等于年度和行业中位数记为 1，否则为 0
	股权授予比例	股权授予比例大于等于年度和行业中位数记为 1，否则为 0
	激励方式	公司选择限制性股票激励方式赋值为 1，否则为 0

续表

变量类型	变量名称	变量说明
拟合目标资本结构所涉及的变量	资本结构	总负债/总资产
	有形资产比例	固定资产净额/总资产
	盈利能力	息税前利润/总资产
	公司规模	总资产的自然对数
	非债务税盾	累计折旧/总资产
	成长能力	[(非流通股数/总股本)×净资产+流通股×股价+负债]/总资产
	资本结构中位数	资产负债率的行业年度中位数
	第一大股东持股比例	第一大股东持股数量/总股本
	高管薪酬	高管前三名薪酬总额的自然对数
	两职合一	总经理兼任董事长为1，否则为0
	高管年龄	每家公司高管成员的平均年龄
	市场化程度	市场化指数①
	GDP 增长率	国内生产总值指数②

注：①市场化程度变量通过樊纲、王小鲁和朱恒鹏编制的《中国市场化指数——各地区市场化相对进程2011年报告》中的市场化指数间接衡量。由于该指数更新至2009年，故2010—2017年各省份的市场化指数数据通过前五年的平均增长率计算获得。②国内生产总值指数来自国家统计局网站。

（三）模型构建

1. 高管股权激励合约及其条款与资本结构调整速度之间关系的模型构建

借鉴 Faulkender 等（2012）和 Jiang 等（2017）的做法，为检验高管股权激励合约对资本结构调整速度的影响，在标准部分调整模型（3.3）的基础上，加入高管股权激励合约和偏离目标程度的交互项（$Inc_{i,t} \times Dev_{i,t}$），构建模型（4.1）：

$$\Delta Lev_{i,t} = \psi_0 + \psi_1 Inc_{i,t} \times Dev_{i,t} + \psi_2 Inc_{i,t} + \varepsilon_{i,t} \tag{4.1}$$

其中，ψ_1 是股权激励合约与偏离目标程度交互项的回归系数。若 ψ_1 显著大于0，说明公司实施股权激励合约能够加快资本结构调整速度；若 ψ_1 显著小于0，说明高管股权激励合约会阻碍资本结构趋向目标水平调整。

为进一步检验合约条款对资本结构动态调整的影响，在标准部分调整模型（3.3）的基础上分别增加行权条件、有效期、股权授予比例和激励方式等合约条款与偏离目标程度的交互项（$Cond_{i,t} \times Dev_{i,t}$、$Dura_{i,t} \times Dev_{i,t}$、$Inten_{i,t} \times Dev_{i,t}$ 和 $Type_{i,t} \times Dev_{i,t}$），构建模型（4.2）至模型（4.5）：

$$\Delta Lev_{i,t}=\vartheta_0+\vartheta_1 Cond_{i,t}\times Dev_{i,t}+\vartheta_2 Cond_{i,t}+\varepsilon_{i,t} \tag{4.2}$$

$$\Delta Lev_{i,t}=\kappa_0+\kappa_1 Dura_{i,t}\times Dev_{i,t}+\kappa_2 Dura_{i,t}+\varepsilon_{i,t} \tag{4.3}$$

$$\Delta Lev_{i,t}=\tau_0+\tau_1 Inten_{i,t}\times Dev_{i,t}+\tau_2 Inten_{i,t}+\varepsilon_{i,t} \tag{4.4}$$

$$\Delta Lev_{i,t}=\sigma_0+\sigma_1 Type_{i,t}\times Dev_{i,t}+\sigma_2 Type_{i,t}+\varepsilon_{i,t} \tag{4.5}$$

其中，ϑ_1、κ_1、τ_1、σ_1 分别表示行权条件、有效期、股权授予比例和激励方式等合约条款与偏离目标程度交互项的回归系数。若这些系数均显著为正，说明这些合约条款能促进资本结构趋向目标水平调整；若这些系数均显著为负，说明这些条款会阻碍公司资本结构调整。

2. 高管股权激励合约与资本结构调整方式之间关系的模型构建

为了探讨高管股权激励合约通过何种方式影响资本结构调整速度，检验高管股权激励合约与资本结构调整方式之间的关系，构建 Logit 模型（4.6）：

$$P(Adj\_N_{i,t}=1)=\Phi(\alpha_0+\alpha_1 |Dev_{i,t}| +\alpha_3 |Dev_{i,t}| \times Inc_{i,t}+\chi Control_{i,t}+\varepsilon_{i,t}) \tag{4.6}$$

其中，$Adj_N_{i,t}$为资本结构调整方式虚拟变量；$|Dev_{i,t}| = |Lev^*_{i,t}-Lev_{i,t-1}|$ 为资本结构偏离目标程度的绝对值，即偏离目标程度_abs；$Control_{i,t}$为影响资本结构调整行为的一系列公司特征、公司治理和外部宏观环境等控制变量，具体包括公司规模、成长能力、盈利能力、有形资产比例、非债务税盾、资本结构中位数、第一大股东持股比例、高管薪酬、两职合一、高管年龄、市场化程度以及年度和行业虚拟变量等①。假定 Φ 服从 Logitstic 分布，本章采用 Logit 模型进行回归。若交互项$|Dev_{i,t}| \times Inc_{i,t}$的回归系数 α_3 显著为正，说明高管股权激励合约提高了上市公司通过方式 N 调整资本结构的概率；若交互项的回归系数 α_3 显著为负，说明高管股权激励合约降低了上市公司通过方式 N 调整资本结构的概率。

本章参考林慧婷等（2016）和巫岑等（2019）的研究，将资本结构调整方式分为增加借款、现金分红、发行股票和偿还债务四种。

三、股权激励合约对资本结构调整速度的影响

（一）描述性统计

股权激励合约的描述性统计见表 4.2。

① 控制变量中没有 CDP 增长率，是因为该指标每年数据固定不变，导致 Logit 模型无法收敛。

表 4.2　股权激励合约的描述性统计

变量	样本数	均值	标准差	最小值	P_{25}	中位数	P_{75}	最大值
股权激励合约	3573	1.000	0.000	1.000	1.000	1.000	1.000	1.000
有效期	3573	0.842	0.365	0.000	1.000	1.000	1.000	1.000
股权授予比例	3573	0.502	0.500	0.000	0.000	1.000	1.000	1.000
激励方式	3573	0.580	0.494	0.000	0.000	1.000	1.000	1.000
行权条件	3573	0.263	0.440	0.000	0.000	0.000	1.000	1.000

2006—2017 年，中国沪深 A 股上市公司中实施股权激励的有 3573 个，占总样本的 15.9%，说明近 16%的样本公司对管理者实施了股权激励，同时设计了不同的合约条款以激励和约束高管行为，为其创造更高的市场价值。股权激励合约条款设置的行权条件样本均值为 0.263，说明接近 1/3 样本公司的行权条件高于其前三年中的任一年，设置较高的行权门槛，有利于激励管理者努力工作，以实现股权激励收益。有效期均值为 0.842，说明绝大部分样本公司设计了较长有效期的激励合约。激励方式的样本均值为 0.580，说明有 58%的样本公司采用限制性股票激励方式，其他样本公司则选择股票期权激励方式，采用限制性股票激励方式的公司多于采用股票期权激励方式的公司。股权授予比例的均值为 0.502，说明略高于半数的样本公司授予管理者较高的股份比例。

除了上述股权激励合约变量，其他变量的描述性统计见表 4.3。

表 4.3　其他变量的描述性统计

变量	样本数	均值	标准差	最小值	P_{25}	中位数	P_{75}	最大值
实际调整程度	22528	0.011	0.077	−0.239	−0.026	0.013	0.048	0.248
偏离目标程度	22528	0.025	0.086	−0.221	−0.043	0.021	0.060	0.251
目标资本结构	22528	0.456	0.184	0.077	0.308	0.450	0.589	0.839
资本结构	22528	0.448	0.206	0.053	0.286	0.450	0.609	0.889
公司规模	22528	22.016	1.251	19.673	21.113	21.847	22.725	25.892
盈利能力	22528	0.055	0.056	−0.153	0.029	0.051	0.081	0.227
有形资产比例	22528	0.237	0.173	0.002	0.101	0.202	0.340	0.735
成长能力	22528	1.951	1.365	0.579	1.107	1.520	2.279	8.597
非债务税盾	22528	0.021	0.015	0.000	0.009	0.018	0.029	0.071
资本结构中位数	22528	0.438	0.118	0.115	0.354	0.417	0.528	0.727

续表

变量	样本数	均值	标准差	最小值	P_{25}	中位数	P_{75}	最大值
第一大股东持股比例	22528	0.353	0.150	0.089	0.233	0.335	0.458	0.745
高管薪酬	22528	14.078	0.750	12.152	13.609	14.091	14.552	16.025
两职合一	22528	0.221	0.415	0.000	0.000	0.000	0.000	1.000
GDP 增长率	22528	8.491	2.058	6.700	6.900	7.800	9.600	14.200
高管年龄	22528	48.565	3.129	41.091	46.450	48.619	50.706	55.947
市场化程度	22528	9.974	2.642	4.899	8.236	10.063	11.224	17.836

如果实际调整程度大于零，说明公司通过增加借款或者现金分红等方式对上一年的资本结构进行了调整；如果实际调整程度小于零，说明公司通过发行股票或者偿还债务等方式对上一年的资本结构进行了调整。由表 4.3 可知，实际调整程度的四分之一分位数（P_{25}）[①] 为-0.026，说明至少 1/4 的样本公司在新的年度采用发行股票或者偿还债务等方式对上一年的资本结构进行了调整；而实际调整程度中位数为 0.013，说明至少 1/2 的样本公司在新的年度通过增加借款或现金分红等方式对上一年的资本结构进行了调整。偏离目标程度的四分之一分位数（P_{25}）为-0.043，说明至少 1/4 的样本公司目标资本结构小于实际值，公司处于过度负债状态；偏离目标程度的均值和中位数分别为 0.025 和 0.021，说明至少 1/2 的样本公司目标资本结构大于实际值，多数公司处于负债不足的状态。

将资本结构与公司规模、盈利能力、非债务税盾、成长能力、第一大股东持股比例、高管薪酬、有形资产比例、资本结构中位数、两职合一、高管年龄、GDP 增长率和市场化程度进行回归，拟合出目标资本结构，这些变量经过 Winsor 处理后，均在合理范围内。目标资本结构的均值和标准差分别为 0.456 和 0.184，与资本结构的均值和标准差较为接近，说明本章估计的目标资本结构相对合理。第一大股东持股比例的均值和最大值分别为 0.353 和 0.745，说明中国上市公司依然存在“一股独大”的现象。两职合一的均值为 0.221，说明 22.1%样本公司的总经理兼任董事长。高管年龄的均值、最小值和最大值分别为 48.565、41.091 和 55.947，说明不同公司高管的平均年龄相差较大。市场化程度均值、最小值和最大值分别为 9.974、4.899 和 17.836，说明中国各省份的市场环境差异较大，可能会影响上市公司对融资方式的选

① 四分之一分位数（P_{25}）是指该样本中所有数值由小到大排列后第 25%的数字。

择。有形资产比例的均值和最大值分别为 0.237 和 0.735，说明部分上市企业可抵押的资产较多，有利于获得更多的担保资金。

（二）相关性分析

本章对主要变量进行了 Pearson 相关性检验，其相关系数和显著性水平见表 4.4。

表 4.4　主要变量间的相关性分析

	实际调整程度	偏离目标程度	股权激励合约	有效期	股权授予比例	激励方式	行权条件	资本结构
实际调整程度	1.000							
偏离目标程度	0.470***	1.000						
股权激励合约	0.034***	0.016***	1.000					
有效期	0.034***	0.014**	0.094***	1.000				
股权授予比例	0.022***	-0.002	0.677***	0.617***	1.000			
激励方式	0.026***	0.015**	0.733***	0.655***	0.472***	1.000		
行权条件	0.013**	0.006	0.467***	0.410***	0.309***	0.377***	1.000	
资本结构	0.181***	-0.279***	-0.099***	-0.091***	0.040***	-0.112***	-0.071**	1.000

注：***、**分别表示在 1%、5%的水平上显著。

由表 4.4 可知，偏离目标程度与实际调整程度显著正相关（系数为 0.470，显著性水平为 1%），表明上市公司会通过多种资本结构调整方式趋向目标水平调整；股权激励合约和实际调整程度显著正相关（系数为 0.034，显著性水平为 1%），表明实施股权激励的上市公司能够加大资本结构实际调整的幅度，有利于实际资本结构趋向目标水平调整。股权激励合约与股权授予比例、激励方式和行权条件的相关系数分别为 0.677、0.733 和 0.467，均在 1%的水平上显著。有效期与股权授予比例、激励方式以及行权条件的相关系数分别为 0.617、0.655 和 0.410。由于股权激励合约与股权授予比例、激励方式和行权条件有很强的相关性，且有效期与股权授予比例、激励方式和行权条件也有很强的相关性，很容易产生多重共线性问题，所以不能将股权激励合约、有效期、行权条件、激励方式和股权授予比例放在同一模型中进行回归。为考察股权激励合约及其条款对资本结构动态调整的影响，本书分别构建模型检验股权激励合约、行权条件、有效期、激励方式和股权授予比例对资本结构调整速度的影响。

（三）回归结果分析

本章通过多元回归方法检验公司是否实施股权激励以及合约条款对资本结构调整速度的影响，结果见表4.5。本章采用的是非平衡面板数据，同一公司不同时期之间的扰动项很可能存在自相关，不同公司之间也可能存在异方差，这将会影响回归结果，故对标准误差进行公司层面Cluster处理，以降低异方差和自相关对估计结果的影响。此外，若模型解释变量之间存在高度相关关系，则会引起严重的多重共线性问题，故采用方差膨胀因子①进行检验。

表4.5　股权激励合约与资本结构调整速度的回归结果

变量	实际调整程度				
	模型（4.1）	模型（4.2）	模型（4.3）	模型（4.4）	模型（4.5）
偏离目标程度	0.400*** （51.134）	0.416*** （54.945）	0.405*** （52.129）	0.410*** （53.473）	0.408*** （53.543）
偏离目标程度×股权激励合约	0.156*** （7.739）				
股权激励合约	0.004*** （3.052）				
偏离目标程度×行权条件		0.105*** （2.790）			
行权条件		0.003 （1.373）			
偏离目标程度×有效期			0.142*** （6.560）		
有效期			0.005*** （3.532）		
偏离目标程度×股权授予比例				0.156*** （5.779）	
股权授予比例				0.005*** （3.078）	
偏离目标程度×激励方式					0.167*** （6.442）

① 方差膨胀因子（Variance Inflation Factor，VIF）：容忍度的倒数。VIF越大，表明共线性越严重。经验判断方法表明：当0<VIF<10时，不存在多重共线性问题；当10≤VIF<100时，存在较严重的多重共线性问题；当VIF≥100时，存在严重的多重共线性问题。

续表

变量	实际调整程度				
	模型（4.1）	模型（4.2）	模型（4.3）	模型（4.4）	模型（4.5）
激励方式					0.003 * （1.860）
常数项	0.005 *** （15.835）	0.006 *** （19.000）	0.005 *** （16.240）	0.005 *** （17.943）	0.005 *** （17.699）
观测值	22528	22528	22528	22528	22528
调整 R^2	0.224	0.221	0.224	0.223	0.223
F 值	1118.732	1055.973	1104.712	1088.912	1087.316
方差膨胀因子最大值	1.17	1.06	1.15	1.08	1.08

注：括号内的数值为标准误差经公司层面 Cluster 处理后计算得到的 T 值；***、* 分别表示在 1%、10%的水平上显著。

由表 4.5 可知，模型（4.1）至模型（4.5）中解释变量之间的方差膨胀因子最大值为 1.17，说明各模型中的解释变量之间不存在多重共线性问题。模型（4.1）中偏离目标程度与股权激励合约交互项的回归系数为 0.156（T 值为 7.739），在 1%的水平上显著，说明公司实施股权激励计划能够加快资本结构趋向目标水平调整，故研究假设 4-1 得到验证。股权激励合约机制作为股东和管理者间代理冲突的修正机制，能够协同两者的利益，使高管以“主人公”的身份承担风险和共享利益。调整资本结构决策是提升公司价值最为重要的环节之一，与未实施股权激励的上市公司相比，实施股权激励的公司能够极大地激发高管调整资本结构的意愿，促使实际资本结构以较快的速度趋向目标水平调整。

公司股权激励机制的作用发挥与其合约本身的设计密切相关，故需进一步检验股权激励合约中行权条件、有效期、股权授予比例和激励方式等具体条款对资本结构动态调整的影响。模型（4.2）中行权条件和偏离目标程度交互项的回归系数为 0.105（T 值为 2.790），说明当公司股权激励合约中设置高标准的行权条件时，可以激发管理者作出优化资本结构的经营决策，加快资本结构趋向目标水平调整的速度。高标准的行权条件会促使管理者积极、主动地调整资本结构：当资本结构高于目标水平（过度负债）时，“去杠杆”以降低公司面临的破产风险和负债利息压力；而当实际值低于目标资本结构（负债不足）时，提高财务杠杆水平，发挥负债的相机治理作用，通过向下或向上调整资本结构，最终降低资本结构偏离目标程度，提升公司价值。

模型（4.3）中有效期和偏离目标程度交互项的回归系数为0.142（*T*值为6.560），说明股权激励合约有效期越长，对管理者越具有长期的约束和激励效应，越能促使其提高资本配置效率，加快资本结构调整的速度。较长有效期将管理层股权激励收益锁定在未来，这种人力资本预期收益的实现方式有助于降低他们的逆向选择和道德风险问题。由此可见，股权激励合约的约束性条款有助于加快资本结构调整的速度，验证了假设4-2。

模型（4.4）中股权授予比例与偏离目标程度交互项的回归系数为0.156（*T*值为5.779），说明公司授予管理者的股权比例较高时，能够加快资本结构趋向目标水平调整的速度，验证了假设4-3。管理者被授予的股份比例越高，他们按照股东价值最大化行事的边际效益越大，其个人收入和公司业绩之间的敏感性越强。但只有当激励收益达到预期水平时，股权激励合约才能发挥作用，所以上市公司股权授予比例越高，越有利于优化资本结构。

模型（4.5）中激励方式与偏离目标程度交互项的回归系数为0.167（*T*值为6.442），说明限制性股票激励方式有助于高管将精力集中于长期财务战略，积极推动资本结构调整，实现公司资金均衡有效的流动，以增强公司财务战略优势，验证了假设4-4。中国的股权激励方式主要是限制性股票和股票期权。持有较多的限制性股票前期资金压力较大，对高管具有较强的约束作用，能够更好地将股东长远利益和管理者利益捆绑在一起。因此，限制性股票更能促使管理者在进行财务决策时采取有利于股东财富最大化的行为，加快实际资本结构向目标水平调整的速度。

四、股权激励合约对资本结构调整方式的影响

（一）描述性统计

本章采用模型（4.6）检验高管股权激励合约与资本结构调整方式的关系。该模型涉及的变量已在表4.2和表4.3中进行了描述性统计。这里对增加借款、发行股票、偿还债务和现金分红的资本结构调整方式以及偏离目标程度_abs进行描述性统计，见表4.6。

表4.6　变量的描述性统计

变量	样本数	均值	标准差	最小值	P_{25}	中位数	P_{75}	最大值
增加借款	22528	0.646	0.478	0.000	0.000	1.000	1.000	1.000
偿还债务	22528	0.640	0.480	0.000	0.000	1.000	1.000	1.000

续表

变量	样本数	均值	标准差	最小值	P_{25}	中位数	P_{75}	最大值
发行股票	22528	0.120	0.324	0.000	0.000	0.000	0.000	1.000
现金分红	22528	0.088	0.284	0.000	0.000	0.000	0.000	1.000
偏离目标程度_abs	22528	0.066	0.056	0.000	0.024	0.051	0.094	0.251

由表 4.6 可知，增加借款的均值为 0.646，说明 64.6%的样本公司通过增加借款方式调整资本结构；偿还债务的均值为 0.640，说明 64.0%的样本公司通过偿还债务方式调整资本结构；发行股票的均值为 0.120，说明 12.0%的样本公司通过发行股票方式调整资本结构；现金分红的均值为 0.088，说明 8.8%的样本公司通过现金分红方式调整资本结构。从均值上可以看出，公司多是通过债务方式进行资本结构调整，通行发行股票或者现金分红方式进行资本结构调整的较少。偏离目标程度_abs 的均值为 0.066，最大值为 0.251，该值经过 Winsor 处理后也在合理范围内。

（二）回归结果分析

根据模型（4.6），实证检验高管股权激励合约与资本结构调整方式之间的关系，回归结果见表 4.7。

表 4.7　股权激励合约对资本结构调整方式的影响

变量	调整方式			
	增加借款	现金分红	发行股票	偿还债务
偏离目标程度_abs	-1.499*** (-4.651)	-1.037* (-1.883)	2.139*** (4.892)	-2.019*** (-6.213)
偏离目标程度_abs×股权激励合约	3.032*** (3.671)	0.138 (0.098)	-0.165 (-0.180)	2.617*** (3.221)
公司规模	0.788*** (36.292)	0.337*** (11.888)	0.374*** (15.068)	0.807*** (36.835)
盈利能力	-5.999*** (-18.082)	16.386*** (29.428)	0.821* (1.794)	-5.345*** (-16.136)
成长能力	0.005 (0.388)	0.112*** (4.693)	-0.149*** (-6.671)	0.012 (0.883)
有形资产比例	1.361*** (7.051)	0.492* (1.726)	-0.080 (-0.308)	1.602*** (8.097)
非债务税盾	4.774** (2.337)	-4.781 (-1.545)	-18.210*** (-6.209)	9.289*** (4.437)

续表

变量	调整方式			
	增加借款	现金分红	发行股票	偿还债务
资本结构中位数	1.932*** (4.495)	0.275 (0.439)	-0.774 (-1.324)	2.334*** (5.369)
第一大股东持股比例	-2.065*** (-17.403)	1.309*** (7.348)	-1.549*** (-9.644)	-2.037*** (-17.063)
高管薪酬	-0.249*** (-8.427)	0.230*** (5.093)	-0.135*** (-3.521)	-0.301*** (-10.115)
两职合一	-0.073* (-1.863)	0.031 (0.459)	0.055 (1.055)	-0.123*** (-3.133)
高管年龄	-0.028*** (-4.688)	0.003 (0.332)	-0.059*** (-7.503)	-0.028*** (-4.646)
市场化程度	0.024*** (3.598)	-0.013 (-1.139)	0.002 (0.253)	0.022*** (3.266)
常数项	-11.934*** (-20.136)	-15.432*** (-18.319)	-4.916*** (-6.737)	-11.673*** (-19.511)
年度固定效应	控制	控制	控制	控制
行业固定效应	控制	控制	控制	控制
样本数	22528	22528	22528	22528
伪 R^2	0.161	0.193	0.087	0.174

注：括号内的数值为标准误差经公司层面 Cluster 处理后计算得到的 T 值；***、**、* 分别表示在1%、5%和10%的水平上显著。

偏离目标程度与股权激励合约交互项的回归系数代表了在资本结构调整方式中，高管股权激励合约的影响。由表 4.7 可知，偏离目标程度_abs和股权激励合约交互项与增加借款的回归系数为 3.032（T 值为 3.671），在 1%的水平上显著，说明高管股权激励合约的实施提高了公司通过增加借款方式调整资本结构的概率。偏离目标程度_abs 和股权激励合约交互项与现金分红的回归系数为0.138（T 值为0.098），未通过显著性检验，说明高管股权激励合约对资本结构动态调整的影响不是通过现金分红实现的。资本结构偏离目标程度_abs 和股权激励合约交互项与发行股票的回归系数为-0.165（T 值为-0.180），未通过显著性检验，说明高管股权激励合约对资本结构调整的影响不是通过发行股票实现的。资本结构偏离目标程度_abs 和股权激励合约交互项与偿还债务的回归系数为 2.617（T 值为 3.221），在 1%的水平上显著，说明高管股权激励合约的实施提高了公司通过偿还债务方式调整资本结构的概率。

由此可见，高管股权激励合约对资本结构调整速度的促进作用，主要通过增加借款或者偿还债务的方式实现，而不是通过现金分红或发行股票方式。

上述回归结果假定模型（4.6）中的 Φ 服从 Logitstic 分布，为保证结果的稳定性，本章假设 Φ 服从正态分布，采用 Probit 模型，再次检验了高管股权激励合约与增加借款、发行股票、现金分红和偿还债务四种资本结构调整方式之间的关系，回归结果见表 4.8。

表 4.8　Probit 模型检验后的回归结果

变量	调整方式			
	增加借款	现金分红	发行股票	偿还债务
偏离目标程度_abs	-0.965*** (-5.096)	-0.410 (-1.464)	1.220*** (5.195)	-1.263*** (-6.623)
偏离目标程度_abs×股权激励合约	1.850*** (3.777)	-0.128 (-0.177)	-0.051 (-0.097)	1.556*** (3.221)
公司规模	0.441*** (36.735)	0.176*** (11.815)	0.210*** (15.553)	0.452*** (37.342)
盈利能力	-3.407*** (-17.924)	8.646*** (29.557)	0.437* (1.785)	-3.044*** (-15.935)
成长能力	-0.004 (-0.487)	0.066*** (5.302)	-0.077*** (-6.692)	0.001 (0.120)
有形资产比例	0.762*** (6.913)	0.243* (1.645)	-0.068 (-0.498)	0.906*** (8.083)
非债务税盾	2.624** (2.232)	-2.525 (-1.586)	-9.219*** (-6.077)	5.221*** (4.374)
资本结构中位数	1.196*** (4.760)	0.210 (0.634)	-0.467 (-1.522)	1.450*** (5.730)
第一大股东持股比例	-1.225*** (-17.613)	0.674*** (7.211)	-0.846*** (-9.851)	-1.210*** (-17.324)
高管薪酬	-0.141*** (-8.145)	0.123*** (5.248)	-0.071*** (-3.451)	-0.170*** (-9.775)
两职合一	-0.049** (-2.099)	0.025 (0.727)	0.028 (0.988)	-0.078*** (-3.313)
高管年龄	-0.016*** (-4.587)	0.000 (0.032)	-0.031*** (-7.416)	-0.016*** (-4.616)
市场化程度	0.014*** (3.517)	-0.007 (-1.195)	0.001 (0.168)	0.013*** (3.149)

续表

变量	调整方式			
	增加借款	现金分红	发行股票	偿还债务
常数项	-6.593*** (-19.523)	-8.194*** (-18.538)	-2.935*** (-7.481)	-6.485*** (-19.066)
年度固定效应	控制	控制	控制	控制
行业固定效应	控制	控制	控制	控制
样本数	22528	22528	22528	22528
伪 R^2	0.158	0.193	0.087	0.171

注：括号内的数值为标准误差经公司层面 Cluster 处理后计算得到的 T 值；***、**、* 分别表示在1%、5%和10%的水平上显著。

由表4.8可知，通过Probit模型进行回归后，股权激励合约与偏离目标程度_abs交互项和增加借款、偿还债务的回归系数分别为1.850（T值为3.777）和1.556（T值为3.221），均在1%的水平上显著。但是，股权激励合约与偏离目标程度_abs交互项和现金分红、发行股票的回归系数分别为-0.128（T值为-0.177）和-0.051（T值为-0.097），均不显著，说明高管股权激励合约的实施提高了公司通过增加借款或者偿还债务方式调整资本结构的概率，但高管股权激励合约对资本结构动态调整的促进作用没有通过发行股票和现金分红方式来实现。

五、稳健性检验

（一）控制其他变量

由第二章文献综述的内容可知，公司治理、公司特征、管理者特征以及外部宏观环境等因素会影响资本结构调整速度，为降低其他遗漏变量对回归结果的影响，控制这些变量后重新检验高管股权激励合约和资本结构调整速度之间的关系。本章用高管薪酬、两职合一和第一大股东持股比例三个变量衡量公司治理状况，用盈利能力、成长能力和公司规模三个变量衡量公司特征，用市场化程度、GDP增长率两个变量衡量外部宏观环境，用高管年龄变量反映管理者特征，在模型中控制了年度和行业因素对资本结构调整的影响。

为了便于对回归结果进行经济解释，对上述连续变量进行标准化处理，并用所有变量分别乘以偏离目标程度，通过交互项的形式加到模型（4.1）右边，以控制这些变量对资本结构调整速度的影响，但并没有在模型（4.1）中加入这些变量的一次项。这是因为，在衡量目标资本结构的模型（$Lev_{i,t}^{*}=\gamma X_{i,t-1}+\varepsilon_{i,t}$）中，$X_{i,t-1}$ 已经包含了高管薪酬、两职合一、第一大股东持股比例、盈利能力、成长能力、公司规模、市场化程度以及 GDP 增长率等变量，若在模型（4.1）中再加入这些变量的一次项，相当于这些变量在模型的右边出现了两次。若要考察这些因素对资本结构趋向目标水平调整速度的影响，仅能以交互项的形式加入模型进行实证检验。此外，本章对模型中的标准误差进行了公司层面的 Cluster 处理，并汇报了解释变量的方差膨胀因子，以检验多重共线性问题，回归结果见表 4.9。

表 4.9　控制其他变量影响后的回归结果

变量	实际调整程度				
	模型（4.1）	模型（4.2）	模型（4.3）	模型（4.4）	模型（4.5）
偏离目标程度	0.401*** (45.810)	0.413*** (65.521)	0.404*** (46.586)	0.408*** (47.658)	0.406*** (47.751)
偏离目标程度×股权激励合约	0.105*** (4.998)				
股权激励合约	0.004*** (3.144)				
偏离目标程度×行权条件		0.054* (1.923)			
行权条件		0.003 (1.508)			
偏离目标程度×有效期			0.090*** (3.987)		
有效期			0.005*** (3.816)		
偏离目标程度×股权授予比例				0.104*** (3.928)	
股权授予比例				0.005*** (3.069)	
偏离目标程度×激励方式					0.117*** (4.369)
激励方式					0.004** (2.181)
偏离目标程度×两职合一	0.034** (2.210)	0.037*** (2.967)	0.036** (2.318)	0.036** (2.360)	0.037** (2.403)

续表

变量	实际调整程度				
	模型（4.1）	模型（4.2）	模型（4.3）	模型（4.4）	模型（4.5）
偏离目标程度×GDP 增长率	-0.031*** (-4.766)	-0.035*** (-6.359)	-0.032*** (-4.953)	-0.033*** (-5.144)	-0.032*** (-4.879)
偏离目标程度×高管年龄	-0.039*** (-5.640)	-0.043*** (-7.760)	-0.040*** (-5.773)	-0.042*** (-6.043)	-0.041*** (-5.979)
偏离目标程度×市场化程度	0.006 (0.734)	0.007 (1.312)	0.006 (0.807)	0.007 (0.831)	0.006 (0.809)
偏离目标程度×公司规模	0.022** (2.480)	0.024*** (3.282)	0.022** (2.450)	0.023*** (2.663)	0.024*** (2.728)
偏离目标程度×盈利能力	0.048*** (6.131)	0.050*** (9.943)	0.049*** (6.238)	0.049*** (6.246)	0.049*** (6.228)
偏离目标程度×成长能力	0.000 (0.034)	0.000 (0.043)	-0.000 (-0.021)	0.001 (0.098)	0.001 (0.197)
偏离目标程度×第一大股东持股比例	0.003 (0.428)	0.000 (0.034)	0.002 (0.332)	0.002 (0.268)	0.002 (0.316)
偏离目标程度×高管薪酬	-0.008 (-0.862)	-0.004 (-0.579)	-0.006 (-0.695)	-0.005 (-0.594)	-0.006 (-0.715)
常数项	-0.000 (-0.097)	0.000 (0.111)	-0.001 (-0.156)	0.000 (0.010)	-0.000 (-0.063)
年度固定效应	控制	控制	控制	控制	控制
行业固定效应	控制	控制	控制	控制	控制
样本数	22528	22528	22528	22528	22528
调整 R^2	0.233	0.231	0.233	0.232	0.232
F 值	183.051	176.251	182.305	180.877	179.634
方差膨胀因子最大值	1.58	1.72	1.74	1.74	1.73

注：括号内的数值为标准误差经公司层面 Cluster 处理后计算得到的 T 值；***、**、* 分别表示在1%、5%和10%的水平上显著。

由表4.9可知，5个模型的方差膨胀因子最大值均在（1，10）区间，说明解释变量之间不存在多重共线性问题。在控制其他变量对资本结构调整的影响后，模型（4.1）中偏离目标程度和股权激励合约交互项的回归系数为0.105（T 值为4.998），模型（4.2）中偏离目标程度和行权条件交互项的回归系数为0.054（T 值为1.923），模型（4.3）中偏离目标程度和有效期交互项的回归系数为0.090（T 值为3.987），模型（4.4）中偏离目标程度和股权授予比例交互项的回归系数为0.104（T值为3.928），模型（4.5）中偏离目标程度和激励方式交互项的回归系数为0.117（T值为4.369）。上述回归结果表明，公司实施高管股权激励合约与合约条款中的高标准行权条件、较长有效期、较高股权授予比例和限制性股票激励方式，都能推动资本结构趋向目标水平调整。

在控制变量中，公司规模、盈利能力和两职合一与偏离目标程度交互项的回归系数均显著为正，说明公司规模越大、公司盈利能力越强或总经理兼任董事长，越有利于降低资本结构调整成本，促进资本结构趋向目标水平调整。高管年龄、GDP增长率与偏离目标程度交互项的回归系数均显著为负，说明高管年龄越大，越会在公司资本结构决策上采取保守策略，加重资本结构调整的惰性，但GDP增长速度越快，公司受到外部宏观经济形势的刺激越大，很可能过度使用负债，致使资本结构偏离目标水平，减缓资本结构调整的速度。高管薪酬、市场化程度、成长能力和第一大股东持股比例与偏离目标程度交互项的回归系数均不显著，说明这些因素并不影响上市公司资本结构调整的速度。

（二）修正模型

标准部分调整模型实际上包含了主动调整和机械调整两种不同性质的调整。主动调整是指公司利用资本市场渠道，通过发行新股、发行债券、增加或者偿还银行贷款、现金分红以及股票回购等方式，主动地对资本结构进行调整。机械调整是指即使公司在某些年度没有对资本结构进行主动调整，但由于实现了年度盈余或亏损，年末资本结构相对年初资本结构依然发生了变化。本章借鉴Faulkender等（2012）的研究，剥离资本结构调整中的机械调整部分，将标准部分调整模型（3.3）修正为模型（4.7）：

$$Lev_{i,t}-Lev^{p}_{i,t-1}=\xi(Lev^{*}_{i,t}-Lev^{p}_{i,t-1})+\varepsilon_{i,t} \tag{4.7}$$

其中，$Lev^{p}_{i,t-1}=D_{i,t-1}/(A_{i,t-1}+NI_{i,t})$，$D_{i,t-1}$和$A_{i,t-1}$分别为$i$公司$t-1$年的总负债和总资产，而$NI_{i,t}$为$i$公司$t$年的净利润；$\xi$为剥离资本结构机械调整部分后的调整速度；$Lev_{i,t}-Lev^{p}_{i,t-1}$为剔除净利润变化后的实际调整程度，也可记为$\Delta Lev^{p}_{i,t}$；$Lev^{*}_{i,t}-Lev^{p}_{i,t-1}$为剔除净利润变化后的偏离目标程度，也可记为$Dev^{p}_{i,t}$。因此，模型（4.7）也可表示为模型（4.8）：

$$\Delta Lev^{p}_{i,t}=\xi Dev^{p}_{i,t}+\varepsilon_{i,t} \tag{4.8}$$

剔除净利润变化导致的资本结构调整后，重新检验高管股权激励合约及其条款对资本结构调整速度的影响，应在模型（4.8）的基础上加入股权激励合约与偏离目标程度的交互项（$Inc_{i,t}\times Dev^{p}_{i,t}$）、行权条件与偏离目标程度的交互项（$Cond_{i,t} \times Dev^p_{i,t}$）、有效期和偏离目标程度的交互项（$Dura_{i,t} \times Dev^p_{i,t}$）、股权授予比例与偏离目标程度的交互项（$Inten_{i,t} \times Dev^p_{i,t}$）以及激励方式与偏离目标程度的交互项（$Type_{i,t} \times Dev^p_{i,t}$），依次构建模型（4.9）至模型（4.13）：

$$\Delta Lev^p_{i,t} = \varpi_0 + \varpi_1 Inc_{i,t} \times Dev^p_{i,t} + \varpi_2 Inc_{i,t} + \varepsilon_{i,t} \tag{4.9}$$

$$\Delta Lev^p_{i,t} = \nu_0 + \nu_1 Cond_{i,t} \times Dev^p_{i,t} + \nu_2 Cond_{i,t} + \varepsilon_{i,t} \tag{4.10}$$

$$\Delta Lev^p_{i,t} = \chi_0 + \chi_1 Dura_{i,t} \times Dev^p_{i,t} + \chi_2 Dura_{i,t} + \varepsilon_{i,t} \tag{4.11}$$

$$\Delta Lev^p_{i,t} = \varphi_0 + \varphi_1 Inten_{i,t} \times Dev^p_{i,t} + \varphi_2 Inten_{i,t} + \varepsilon_{i,t} \tag{4.12}$$

$$\Delta Lev^p_{i,t} = \rho_0 + \rho_1 Type_{i,t} \times Dev^p_{i,t} + \rho_2 Type_{i,t} + \varepsilon_{i,t} \tag{4.13}$$

其中，ϖ_1、ν_1、χ_1、φ_1、ρ_1 分别表示股权激励合约、行权条件、有效期、股权授予比例和激励方式等与偏离目标程度交互项的回归系数。若这些系数均显著为正，说明高管股权激励合约及其条款能够加快资本结构趋向目标水平调整的速度；若这些系数均显著为负，说明高管股权激励合约及其条款会阻碍资本结构趋向目标水平调整。

本章通过模型（4.9）至模型（4.13），检验高管股权激励合约及行权条件、有效期、股权授予比例、激励方式等条款与资本结构调整速度的关系，依然控制公司特征、公司治理、外部宏观环境、行业和年度等因素对资本结构调整的影响，回归结果见表4.10。

表4.10　修正模型后的回归结果

变量	实际调整程度				
	模型（4.9）	模型（4.10）	模型（4.11）	模型（4.12）	模型（4.13）
偏离目标程度	0.411*** (35.961)	0.422*** (38.899)	0.417*** (36.422)	0.420*** (37.941)	0.417*** (38.012)
偏离目标程度×股权激励合约	0.098*** (3.817)				
股权激励合约	0.007*** (4.543)				
偏离目标程度×行权条件		0.103** (2.514)			
行权条件		0.005* (1.803)			
偏离目标程度×有效期			0.063** (2.223)		
有效期			0.009*** (5.342)		

续表

变量	实际调整程度				
	模型（4.9）	模型（4.10）	模型（4.11）	模型（4.12）	模型（4.13）
偏离目标程度×股权授予比例				0.082*** （2.627）	
股权授予比例				0.009*** （4.234）	
偏离目标程度×激励方式					0.112*** （3.297）
激励方式					0.006*** （2.798）
偏离目标程度×公司规模	0.012 （0.982）	0.015 （1.222）	0.012 （0.979）	0.015 （1.173）	0.014 （1.145）
偏离目标程度×盈利能力	0.034*** （3.554）	0.036*** （3.775）	0.035*** （3.671）	0.035*** （3.681）	0.035*** （3.623）
偏离目标程度×成长能力	−0.005 （−0.566）	−0.006 （−0.579）	−0.006 （−0.612）	−0.005 （−0.522）	−0.005 （−0.478）
偏离目标程度×第一大股东持股比例	−0.000 （−0.019）	−0.003 （−0.336）	−0.001 （−0.134）	−0.002 （−0.213）	−0.000 （−0.034）
偏离目标程度×高管薪酬	−0.007 （−0.616）	−0.004 （−0.352）	−0.005 （−0.414）	−0.005 （−0.395）	−0.006 （−0.529）
偏离目标程度×两职合一	0.052*** （2.604）	0.055*** （2.731）	0.055*** （2.734）	0.055*** （2.725）	0.056*** （2.736）
偏离目标程度×GDP 增长率	−0.028*** （−3.277）	−0.031*** （−3.694）	−0.030*** （−3.552）	−0.031*** （−3.665）	−0.029*** （−3.376）
偏离目标程度×高管年龄	−0.053*** （−5.759）	−0.057*** （−6.171）	−0.055*** （−5.901）	−0.057*** （−6.168）	−0.055*** （−6.018）
偏离目标程度×市场化程度	−0.005 （−0.503）	−0.003 （−0.348）	−0.004 （−0.407）	−0.004 （−0.386）	−0.004 （−0.421）
常数项	0.006 （1.220）	0.008 （1.557）	0.006 （1.165）	0.007 （1.404）	0.006 （1.296）
年度固定效应	控制	控制	控制	控制	控制
行业固定效应	控制	控制	控制	控制	控制
样本数	22528	22528	22528	22528	22528
调整 R^2	0.224	0.222	0.224	0.223	0.223
F 值	47.133	44.635	46.342	44.240	44.888

注：括号内的数值为标准误差经公司层面 Cluster 处理后计算得到的 T 值；***、**、* 分别表示在 1%、5%和 10%的水平上显著。

由表4.10可知，偏离目标程度和股权激励合约交互项的回归系数为0.098（T值为3.817），偏离目标程度和行权条件交互项的回归系数为0.103（T值为2.514），偏离目标程度和有效期交互项的回归系数为0.063（T值为2.223），偏离目标程度和股权授予比例交互项的回归系数为0.082（T值为2.627），偏离目标程度和激励方式交互项的回归系数为0.112（T值为3.297）。由上述回归结果可知，股权激励合约、行权条件、有效期、股权授予比例和激励方式与偏离目标程度交互项的回归系数均显著为正，说明消除净利润变化导致的资本结构调整影响后，获得股权激励的高管会利用资本市场渠道，采用发行新股、发行债券、增加或者偿还银行贷款、现金分红或者股票回购等方式，主动地对资本结构进行调整，从而加快资本结构调整的速度。公司对高管实施股权激励，且设定行之有效的条款，提高了管理者的风险承担水平，使其积极改变资本结构，降低资本结构调整成本，最终促进公司实际资本结构更快地向目标水平调整。

（三）控制样本“自选择”

由于中国股权激励合约的实施需要经过严格程序，实施的公司多是治理完善、业绩优良型，因此即使观察到资本结构决策得以优化，也不能辨别这种差异是通过股权激励合约实现的，还是样本“自选择”的结果。为克服样本“自选择”产生的内生性问题，本章将倾向得分匹配（PSM）和多元回归分析方法相结合，重新检验高管股权激励合约及其条款对资本结构调整速度的影响。

本章通过倾向得分匹配方法，在未实施股权激励的样本公司中寻找与实施股权激励公司特征相似的样本。借鉴Lian等（2011）和Fang等（2015）的做法，将公司规模、资本结构、盈利能力、成长能力、高管持股、高管薪酬、产权性质、第一大股东持股比例、两职合一以及行业和年度虚拟变量等作为匹配变量。通过Logit模型，将这些变量与公司是否实施股权激励合约进行回归，结果见表4.11。

表4.11 逻辑回归结果

变量	回归系数	T值
资本结构	0.560***	3.151
公司规模	0.405***	-15.807
盈利能力	3.547***	-8.117

续表

变量	回归系数	T 值
成长能力	-0.776***	-6.632
高管持股	0.619***	-3.693
高管薪酬	0.496***	-13.409
第一大股东持股比例	-1.647***	-10.319
两职合一	-0.086*	-1.650
产权性质	-1.852***	-28.887
常数项	-16.362***	-26.273
年度固定效应	控制	
行业固定效应	控制	
样本数	22528	
AUC	0.847	
伪 R^2	0.256	

注：***、*分别表示在1%、10%的水平上显著。

Logit 模型中的 AUC 值若大于 0.8，说明模型选取的指标较好。由表 4.11 可知，AUC 值为 0.847，说明本章模型的匹配变量选择较为合理。伪 R^2 为 0.256，均高于 Lian 等（2011）和 Fang 等（2015）回归结果中的伪 R^2，说明模型拟合程度较好。

通过上述模型求出倾向得分值后，采用卡尺内一比一最近邻匹配方法在未实施股权激励的公司样本中寻找与实施股权激励公司特征相似的样本作为控制组，共找到 3137 个控制组样本。

为保证倾向得分匹配的效果，选择的匹配方法需要满足共同支撑假设和独立性假设。

共同支撑假设要求实施股权激励的公司能够通过倾向得分值寻找到与其本身最可比的控制组样本，本章绘制了激励组与控制组匹配前后倾向得分值的概率分布状况，如图 4.1 所示。

在图 4.1 中，左图是匹配前激励组和控制组倾向得分值的概率分布，两者存在较大差异，控制组分布的重心明显高于激励组。右图是匹配后激励组和控制组倾向得分值的概率分布，两者的差异显著降低，控制组倾向得分值分布的重心向右移动，说明两组样本倾向得分值的分布偏差得以修正，匹配效果较好，满足了共同支撑假设。

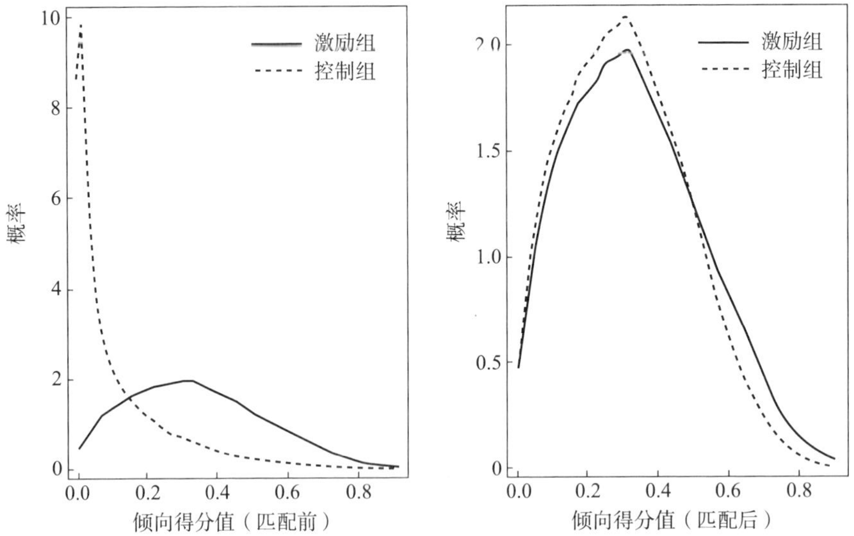

图 4.1　匹配前后激励组和控制组倾向得分值的概率分布

独立性假设要求匹配后的各变量在激励组和控制组不存在显著性差异，即控制了两组样本共同特征变量后，资本结构调整的差异完全由高管股权激励合约的实施导致。一般认为，采用匹配方法后，匹配变量标准偏差的绝对值小于 5%（Smith and Todd，2005）。本章对匹配前后的变量进行了差异检验，见表 4.12。

表 4.12　匹配前后匹配变量的差异检验

变量	匹配阶段	平均值		标准偏差（%）	均值无差异 *T* 检验	
		激励组	控制组		*T* 值	*P* 值
资本结构	匹配前	0.398	0.445	-23.8	-12.75	0.000
	匹配后	0.397	0.398	-0.4	-0.18	0.859
公司规模	匹配前	22.115	21.846	22.1	11.85	0.000
	匹配后	22.046	22.024	1.8	0.76	0.445
盈利能力	匹配前	0.070	0.056	26.4	13.98	0.000
	匹配后	0.068	0.069	-0.6	-0.25	0.803
成长能力	匹配前	0.589	0.633	-22.4	-11.73	0.000
	匹配后	0.591	0.589	1.1	0.43	0.670

续表

变量	匹配阶段	平均值		标准偏差（%）	均值无差异 *T* 检验	
		激励组	控制组		*T* 值	*P* 值
高管持股	匹配前	0.108	0.054	38.3	22.86	0.000
	匹配后	0.108	0.106	1.5	0.56	0.576
高管薪酬	匹配前	14.470	13.924	74.1	39.60	0.000
	匹配后	14.415	14.421	-0.8	-0.36	0.722
第一大股东持股比例	匹配前	0.315	0.368	-37.2	-19.68	0.000
	匹配后	0.319	0.317	1.6	0.69	0.487
两职合一	匹配前	0.338	0.214	28.0	16.36	0.000
	匹配后	0.336	0.334	0.4	0.16	0.876
产权性质	匹配前	0.136	0.517	-88.9	-43.88	0.000
	匹配后	0.146	0.144	0.3	0.14	0.889

由表4.12可知，匹配后变量的标准偏差均有较大变化，绝对值都小于5%。均值无差异 *T* 检验的结果显示，匹配后激励组和控制组不存在显著差异，表明倾向得分匹配方法中的独立性假设得到满足，选择的匹配方法是有效的。最终得到的控制组和激励组样本为6710个。

采用倾向得分匹配方法以后，样本间的区别仅为是否实施股权激励合约这一因素，而后通过多元回归分析方法，检验公司是否实施股权激励以及合约条款对资本结构动态调整的净影响，结果见表4.13。

表4.13　控制样本“自选择”后的回归结果

实证模型 变量	实际调整程度				
	模型（4.1）	模型（4.2）	模型（4.3）	模型（4.4）	模型（4.5）
偏离目标程度	0.469*** (17.085)	0.525*** (29.177)	0.498*** (19.017)	0.511*** (20.152)	0.504*** (20.442)
偏离目标程度×股权激励合约	0.138*** (4.833)				
股权激励合约	0.007*** (4.257)				

续表

实证模型 变量	实际调整程度				
	模型（4.1）	模型（4.2）	模型（4.3）	模型（4.4）	模型（4.5）
偏离目标程度×行权条件		0.086*** (2.618)			
行权条件		0.004* (1.779)			
偏离目标程度×有效期			0.099*** (3.413)		
有效期			0.008*** (4.665)		
偏离目标程度×股权授予比例				0.103*** (3.223)	
股权授予比例				0.006*** (3.389)	
偏离目标程度×激励方式					0.152*** (4.903)
激励方式					0.005*** (2.689)
偏离目标程度×公司规模	0.035** (1.996)	0.035** (2.339)	0.033* (1.880)	0.036** (2.048)	0.039** (2.199)
偏离目标程度×盈利能力	0.007 (0.428)	0.006 (0.566)	0.006 (0.386)	0.005 (0.278)	0.004 (0.261)
偏离目标程度×成长能力	0.006 (0.353)	0.003 (0.295)	0.004 (0.249)	0.006 (0.354)	0.008 (0.533)
偏离目标程度×第一大股东持股比例	0.035** (2.248)	0.036*** (2.943)	0.037** (2.362)	0.038** (2.410)	0.039** (2.514)
偏离目标程度×高管薪酬	-0.042** (-2.377)	-0.042*** (-3.140)	-0.042** (-2.378)	-0.044** (-2.417)	-0.046*** (-2.581)
偏离目标程度×两职合一	0.044 (1.512)	0.045** (1.962)	0.047 (1.604)	0.046 (1.570)	0.051* (1.721)
偏离目标程度×GDP 增长率	0.081*** (2.691)	0.085*** (4.219)	0.086*** (2.828)	0.083*** (2.718)	0.098*** (3.148)

续表

实证模型 变量	实际调整程度				
	模型（4.1）	模型（4.2）	模型（4.3）	模型（4.4）	模型（4.5）
偏离目标程度× 高管年龄	-0.025* (-1.819)	-0.029*** (-2.677)	-0.027** (-1.989)	-0.030** (-2.192)	-0.027** (-1.984)
偏离目标程度× 市场化程度	0.007 (0.508)	0.007 (0.698)	0.007 (0.516)	0.007 (0.491)	0.008 (0.563)
常数项	-0.033* (-1.822)	-0.033** (-2.172)	-0.033* (-1.836)	-0.032* (-1.788)	-0.034* (-1.914)
年度固定效应	控制	控制	控制	控制	控制
行业固定效应	控制	控制	控制	控制	控制
样本数	6710	6710	6710	6710	6710
调整 R^2	0.259	0.252	0.257	0.255	0.256
F 值	28.476	34.766	28.032	27.370	27.867

注：括号内的数值为标准误差经公司层面 Cluster 处理后计算得到的 T 值；***、**、* 分别表示在1%、5%和10%的水平上显著。

由表4.13可知，偏离目标程度和股权激励合约交互项的回归系数为0.138（T 值为4.833），偏离目标程度和行权条件交互项的回归系数为0.086（T 值为2.618），偏离目标程度和有效期交互项的回归系数为0.099（T 值为3.413），偏离目标程度和股权授予比例交互项的回归系数为0.103（T 值为3.223），偏离目标程度和激励方式交互项的回归系数为0.152（T 值为4.903），均在1%的水平上显著。控制样本"自选择"问题后，激励组和控制组的唯一差别就是是否实施股权激励合约，相对于未实施股权激励，对高管实施股权激励更有利于激发其调整资本结构的意愿。合约条款中设置较高行权标准、较长有效期、较高股权授予比例、选择限制性股票激励方式可以激励和约束管理者行为，从而加快资本结构趋向目标水平调整的速度。

（四）替换资本结构的其他衡量指标

在现有研究中，有些学者（黄继承 等，2014；Zhang et al.，2015）以有息负债率［（银行借款+应付债券+一年内到期的非流动负债）/总资产］作为资本结构的衡量指标，并用该指标计算目标有息负债率，而后采用标准部分调整模型估计资本结构调整速度。本章采用同样的方法，并在标准部分调整模型中加入股权激励合约及其条款与偏离目标程度的交互项，以验证高管股权激励合约及其条款对资本结构调整速度的影响，回归结果见表 4.14。

表 4.14　替换资本结构其他衡量指标后的回归结果

变量	实际调整程度				
	模型（4.1）	模型（4.2）	模型（4.3）	模型（4.4）	模型（4.5）
偏离目标程度	0.460*** (48.742)	0.469*** (67.054)	0.463*** (49.510)	0.465*** (50.370)	0.462*** (50.497)
偏离目标程度×股权激励合约	0.094*** (3.871)				
股权激励合约	0.001 (0.686)				
偏离目标程度×行权条件		0.066* (1.857)			
行权条件		0.001 (0.416)			
偏离目标程度×有效期			0.083*** (3.159)		
有效期			0.001 (0.872)		
偏离目标程度×股权授予比例				0.086*** (2.781)	
股权授予比例				-0.001 (-0.552)	
偏离目标程度×激励方式					0.159*** (4.935)
激励方式					-0.002 (-1.377)
偏离目标程度×公司规模	0.015 (1.424)	0.016* (1.949)	0.015 (1.481)	0.016 (1.593)	0.015 (1.520)
偏离目标程度×盈利能力	0.051*** (6.024)	0.052*** (8.867)	0.052*** (6.097)	0.052*** (6.112)	0.051*** (5.986)
偏离目标程度×成长能力	0.006 (0.686)	0.007 (0.948)	0.006 (0.713)	0.007 (0.803)	0.007 (0.815)
偏离目标程度×第一大股东持股比例	0.003 (0.337)	0.000 (0.032)	0.002 (0.237)	0.001 (0.161)	0.003 (0.394)

续表

变量	实际调整程度				
	模型（4.1）	模型（4.2）	模型（4.3）	模型（4.4）	模型（4.5）
偏离目标程度×高管薪酬	−0.001 （−0.124）	0.002 （0.203）	−0.000 （−0.044）	0.000 （0.014）	−0.000 （−0.041）
偏离目标程度×两职合一	0.017 （0.905）	0.020 （1.302）	0.019 （0.984）	0.021 （1.081）	0.018 （0.946）
偏离目标程度×GDP 增长率	−0.031*** （−4.420）	−0.034*** （−5.477）	−0.032*** （−4.552）	−0.033*** （−4.664）	−0.031*** （−4.349）
偏离目标程度×高管年龄	−0.039*** （−4.851）	−0.041*** （−6.427）	−0.040*** （−4.968）	−0.041*** （−5.072）	−0.040*** （−5.013）
偏离目标程度×市场化程度	0.017** （1.980）	0.017*** （2.681）	0.017** （2.031）	0.017** （2.032）	0.016** （1.974）
常数项	0.002 （0.612）	0.002 （0.688）	0.002 （0.604）	0.002 （0.695）	0.002 （0.685）
年度固定效应	控制	控制	控制	控制	控制
行业固定效应	控制	控制	控制	控制	控制
样本数	18762	18762	18762	18762	18762
调整 R^2	0.262	0.261	0.262	0.262	0.262
F 值	74.210	98.619	74.159	74.213	75.257

注：括号内的数值为标准误差经公司层面 Cluster 处理后计算得到的 T 值；***、**、* 分别表示在1%、5%和 10%的水平上显著。

由表4.14 可知，偏离目标程度和股权激励合约交互项的回归系数为0.094（T 值为 3.871），偏离目标程度和行权条件交互项的回归系数为 0.066（T 值为 1.857），偏离目标程度和有效期交互项的回归系数为 0.083（T 值为3.159），偏离目标程度和股权授予比例交互项的回归系数为 0.086（T 值为2.781），偏离目标程度和激励方式交互项的回归系数为 0.159（T 值为4.935），均在 1%或 10%的水平上显著。

将资本结构的衡量指标替换为有息负债率后，上述回归结果表明公司对高管实施的股权激励合约及其条款的确可以优化资本结构，促进资本结构趋向目标水平调整，有利于提升公司价值，验证了理论假设，说明本书的结果具有一定的稳健性。

六、分样本进一步考察

（一）区分调整方向

从整体上看，高管股权激励合约可以加快资本结构趋向目标水平调整的速度。Faulkender 等（2012）和黄继承等（2014）指出，当资本结构低于或者高于目标值时，公司资本结构会进行向上调整或向下调整，调整的动机不尽相同，资本结构调整呈现不对称性。那么，区分调整方向后，高管股权激励合约是否会对资本结构向上调整或向下调整产生不对称的影响？最优资本结构使得债务资本的边际收益等于边际成本，当财务困境的边际成本超过债务抵税的边际收益时，管理者应将资本结构向下调整，而当财务困境的边际成本小于债务抵税的边际收益时，管理者应将资本结构向上调整。高管对潜在损失的感受要比对可能收益的感受更强烈，所以回避潜在损失的动机要比获得可能收益的动机更加强烈。因此，高管股权激励合约对资本结构调整速度的促进作用会受到这种不对称性的影响，即高管股权激励合约很可能对资本结构向下调整速度的影响更加敏感。

为检验高管股权激励合约对资本结构向上或向下调整速度的影响，将样本分为向上调整组（目标资产负债率大于实际值）和向下调整组（目标资产负债率小于实际值），而后通过模型（4.1）进行回归，并控制公司治理、公司特征和外部宏观环境对资本结构动态调整的影响，结果见表 4.15。

表 4.15　区分调整方向后股权激励合约对调整速度的影响

变量	实际调整程度			
	未控制行业和年度		控制行业和年度	
	向上调整组	向下调整组	向上调整组	向下调整组
偏离目标程度	0.367*** (27.910)	0.426*** (26.287)	0.339*** (21.807)	0.472*** (25.506)
偏离目标程度×股权激励合约	0.129*** (3.536)	0.217*** (4.548)	0.119*** (3.080)	0.098* (1.892)
股权激励合约	0.005** (2.174)	0.006** (2.354)	0.005** (2.189)	0.006** (2.004)
偏离目标程度×公司规模			0.082*** (7.285)	−0.066*** (−4.389)

续表

变量	实际调整程度			
	未控制行业和年度		控制行业和年度	
	向上调整组	向下调整组	向上调整组	向下调整组
偏离目标程度×盈利能力			-0.098*** (-10.522)	0.213*** (19.366)
偏离目标程度×成长能力			0.021** (1.984)	-0.068*** (-5.771)
偏离目标程度×第一大股东持股比例			0.037*** (4.218)	-0.028** (-2.382)
偏离目标程度×高管薪酬			-0.003 (-0.270)	-0.004 (-0.278)
偏离目标程度×两职合一			0.074*** (3.915)	-0.011 (-0.434)
偏离目标程度×GDP 增长率			0.009 (0.636)	-0.100*** (-6.474)
偏离目标程度×高管年龄			-0.070*** (-8.160)	-0.009 (-0.832)
偏离目标程度×市场化程度			0.019** (2.068)	-0.017 (-1.410)
常数项	0.008*** (8.456)	0.006*** (6.215)	-0.003 (-0.525)	0.013** (2.097)
年度固定效应	未控制	未控制	控制	控制
行业固定效应	未控制	未控制	控制	控制
样本数	12274	10254	12274	10254
调整 R^2	0.113	0.100	0.144	0.178
F 值	340.197	308.121	28.776	26.699

注：括号内的数值为标准误差经公司层面 Cluster 处理后计算得到的 T 值；***、***、* 分别表示在 1%、5%和 10%的水平上显著。

由表 4.15 可知，未控制行业和年度时，向上调整组和向下调整组偏离目标程度与实际调整程度的回归系数分别为 0.367（T 值为 27.910）和 0.426（T 值为 26.287），说明向下调整速度快于向上调整速度，资本结构调整呈现出不对称性。这两组中偏离目标程度和股权激励合约交互项与实际调整程度的回归系数分别为 0.129（T 值为 3.536）和 0.217（T 值为 4.548），均在 1%的水平上显著，说明公司实施股权激励合约能够激发管理者调整资本结构的意愿，从而加快资本结构向上和向下调整的速度，降低资本结构调整的不对称性。在控制公司特征、公司治理和外部宏观环境对资本结构调整的影响后，偏离目标程度和股权激励合约交互项与实际调整程度的回归系数分别为0.119（T值为3.080）和0.098（T值为1.892），分别在1%和10%的水平上显著，说明公司实施股权激励合约有助于推动资本结构向上或向下调整，最终会加快实际资本结构趋向目标水平调整的速度。

（二）区分产权性质

高管股权激励合约对公司资本结构的影响会因公司产权性质的不同而产生差异。国有产权面临着严重的所有者缺位问题，政府扮演着“代理股东”的角色。代理链条过长以及股权过度集中等问题导致政府无法有效监督管理者的经营决策等行为，故高管进行资本结构调整时很可能以自身利益为中心而不是以公司价值提升为目标。相对于国有企业，非国有企业在管理团队的选择上更加市场化，股权激励合约的实施更能激发管理团队潜能以及留住核心管理人才，使其以股东价值最大化为目标进行资本结构调整。

受预算软约束[①]的影响，国有企业的管理者在资本结构调整方面很可能出于获取银行贷款、政府补助等目的进行无效率融资，导致资本结构发生扭曲。非国有企业不受预算软约束的影响，为了使经济效益最大化，会更多考虑如何降低融资成本、合理调整资本结构。因此，股权激励合约对资本结构动态调整的积极作用在非国有企业和国有企业有所差异。为检验不同产权性质下股权激励合约对资本结构动态调整的影响，将总样本分为国有企业组和非国有企业组分别进行检验，回归结果见表4.16。

表4.16　区分产权性质后的回归结果

变量	实际调整程度			
	未控制行业和年度		控制行业和年度	
	非国有企业组 (1)	国有企业组 (2)	非国有企业组 (3)	国有企业组 (4)
偏离目标程度	0.446*** (40.969)	0.347*** (32.962)	0.452*** (32.631)	0.353*** (26.847)
偏离目标程度×股权激励合约	0.126*** (5.583)	0.023 (0.481)	0.080*** (3.368)	0.001 (0.002)

① 预算软约束是指向公司提供资金的机构（政府或银行）未能坚持原先的商业约定，使公司的资金运用超过了它当期收益的范围。

续表

变量	实际调整程度			
	未控制行业和年度		控制行业和年度	
	非国有企业组 (1)	国有企业组 (2)	非国有企业组 (3)	国有企业组 (4)
股权激励合约	0.004*** (2.781)	-0.003 (-1.268)	0.003** (2.147)	-0.001 (-0.241)
偏离目标程度× 公司规模			0.048*** (3.798)	0.019 (1.495)
偏离目标程度× 盈利能力			0.038*** (3.719)	0.053*** (4.085)
偏离目标程度× 成长能力			0.002 (0.220)	0.000 (0.018)
偏离目标程度× 第一大股东持股比例			0.015 (1.476)	0.007 (0.653)
偏离目标程度× 高管薪酬			-0.024** (-2.055)	0.012 (0.950)
偏离目标程度× 两职合一			0.021 (1.167)	0.005 (0.169)
偏离目标程度× GDP 增长率			-0.051*** (-5.077)	0.006 (0.635)
偏离目标程度× 高管年龄			-0.022*** (-2.618)	-0.041*** (-3.455)
偏离目标程度× 市场化程度			0.006 (0.628)	-0.014 (-1.216)
常数项	0.006*** (10.458)	0.004*** (9.381)	-0.002 (-0.320)	-0.006 (-1.248)
年度固定效应	未控制	未控制	控制	控制
行业固定效应	未控制	未控制	控制	控制
样本数	12295	10233	12295	10233
调整 R^2	0.257	0.172	0.269	0.187
F 值	779.718	385.986	123.504	69.676

注：括号内的数值为标准误差经公司层面 Cluster 处理后计算得到的 T 值；***、**分别表示在1%、5%的水平上显著。

由表 4.16 可知，在未控制行业和年度因素的情况下，非国有企业组偏离目标程度和股权激励合约交互项与实际调整程度的回归系数为 0.126（T 值为 5.583），在 1%的水平上显著，说明实施股权激励会协同管理者利益，降低资本结构调整成本，有利于公司加快资本结构向目标水平调整的速度。国有企业组偏离目标程度和股权激励合约交互项与实际调整程度的回归系数为0.023（T值为0.481），未通过显著性检验，说明国有企业实施股权激励并不影响资本结构动态调整。可见，高管股权激励合约对资本结构动态调整的积极作用仅在非国有企业组中显著有效。控制公司特征、公司治理和外部宏观环境等变量影响后，在非国有企业组，偏离目标程度和股权激励合约交互项与实际调整程度的回归系数为0.080（T值为3.368），在1%的水平上显著，而在国有企业组，偏离目标程度和股权激励合约交互项与实际调整程度的回归系数为0.001（T值为0.002），未通过显著性检验，再次说明非国有企业对高管实施股权激励会极大提升高管进行资本结构调整的意愿，有利于提高资本配置效率，最终促进资本结构趋向目标水平调整。

第五章 控股股东股权质押与资本结构动态调整

在被曝光的控股股东掏空案例中，多数伴随着控股股东股权质押现象，如“德隆系”① 内部资本市场运作以及明星电力的“隧道挖掘”。控股股东股权质押引发的道德风险很可能扭曲公司治理机制，加重公司的代理问题，且质押比例越高，控股股东和中小股东之间的代理问题越严重。资本结构动态调整是公司优化资源配置的途径之一，有助于提升公司价值，也是控股股东关注的重要财务事项。然而，控股股东股权质押后的防御控制权转移风险活动以及资金占用等掏空行为，将导致公司调整财务决策，从而影响资本结构动态调整。

控股股东股权质押是指控股股东将其持有的上市公司股权质押给银行、券商、信托等金融机构以获取贷款的一种融资方式。根据 Wind 数据，截至 2019 年 12 月 31 日，沪深 A 股 3809 家上市公司中有 83%的样本存在股东股权质押，其中控股股东股权质押占比达到 66%；控股股东股权质押比例均值为 59%，近 400 家上市公司控股股东股权质押比例超过 90%，更有甚者将其自身 100%的股权进行质押。与其他质押物不同，控股股东质押股权的股价处于随机游走状态，所以股权质押贷款属于高风险贷款业务。为保障贷款的安全性，金融机构一般会与控股股东设定预警线和平仓线。当上市公司股价跌至质押预警线时，控股股东必须追加担保或提前赎回；当股价触及质押平仓线时，银行等金融机构有权强制平仓。股价下跌使控股股东面临控制权转移风险，他们为了维护控制权，有强烈的利己动机对上市公司进行市值管理以提振股价。

中国股权结构高度集中并有“一股独大”的特征，控股股东在上市公司中的地位举足轻重，他们完全有能力在股权质押期间通过影响公司的投资、收购、出售资产等生产运营行为，进行更多盈余管理，甚至操纵信息披露等，从而降低股价下跌的风险（李常青和幸伟，2017；谢德仁和廖珂，2018）。控

① 德隆系：“新疆屯河”“合金股份”和“湘火炬”上市公司以及其他与“新疆德隆”有关的上市公司，在证券市场上，被称作“德隆系”。

股股东股权质押行为与上市公司相关决策密切相关，资本结构调整决策有助于提升公司价值，那么控股股东股权质押行为是否会影响公司资本结构动态调整？要回答这个问题，需要从理论上进行探讨。

在控股股东对资本结构动态调整影响的现有研究中，仅有个别学者（Lepetit et al.，2015；邹萍和厉国威，2016）使用控股股东控制权和现金流权分离度指标，从上市公司角度间接推断其利益侵占动机。但是，真正能反映控股股东动机的是其自身财务、经营状况，如控股股东将股权质押给银行等金融机构能反映出他们资金紧张且融资能力有限等财务状况，可更为直接地衡量控股股东可能的利己动机（郑国坚 等，2014）。

一、理论分析与研究假设

（一）控股股东股权质押与资本结构调整速度

首先，控股股东股权质押会衍生出控制权转移风险，出于维系自身控制权的考虑，其对上市公司实施的风险性行为将影响资本结构调整的速度。与其他资产质押物不同，股权质押的关键是股价，当上市公司股价跌至预警线时，控股股东必须追加担保或提前赎回；当股价触及平仓线时，银行等质权人有权强制平仓，一旦平仓，则意味着控股股东控制权将会转移。如果股价大幅下跌，控制权转移风险将会上升，那么迫于控股股东的压力，上市公司可能会选择性披露利好信息，推迟披露甚至隐瞒负面消息，并极有可能进行盈余管理等，导致公司信息质量下降，信息透明度降低。李常青等（2017）、钱爱民和张晨宇（2018）发现，存在控股股东股权质押的公司通过管理信息披露时间以及选择性披露信息内容进行信息操纵，以化解股价下跌导致的控制权转移风险。盈余信息是投资者进行股票估值重要的考虑因素之一，为稳住和提升股价，有股权质押行为的控股股东自然会关注公司的盈余状况，必要时甚至会利用其对上市公司的控制权进行盈余管理，即向上操纵盈余。由于真实盈余管理活动可以“淹没”在日常经营及其数据之中，不容易被发现，存在控股股东股权质押的上市公司倾向于采用真实盈余管理活动。

控股股东股权质押后为防御控制权转移风险操纵盈余或者干预信息披露的行为降低了公司信息透明度。公司信息不透明程度的提升会使投资者无法真实地观测公司情况，继而对股价产生误判，故公司能够在短期内避免股价下跌。公司信息透明程度是影响最优或者目标资本结构非常重要的因素。Myers（1984）研究显示，信息透明度越低，越不利于降低公司与外部投资者之间的信息不对称，从而会增加公司融资成本，导致资本结构调整成本上升，不利于资本结构优化。李四海和李娜娜（2018）从盈余信息透明度的角度探讨其对资本结构动态调整的影响。他们认为，公司若有较高的盈余信息透明度，一方面，可以向资本市场主体传递积极信号，彰显公司较好的治理环境，有利于降低外部再融资的成本；另一方面，外部投资者可以及时对公司的经营状况与业绩作出快速反应，从而加快公司对资本结构进行相机调整的速度。盈余信息透明度的提高，可以降低资本结构调整成本，促进资本结构趋向目标水平调整。反之，较低的盈余信息透明度将增加调整资本，导致资本结构更大程度地偏离目标水平，减慢调整速度。可见，控股股东股权质押后进行的信息操纵以及盈余管理行为将提高公司信息不透明程度，从而增加资本结构调整成本，导致调整速度减缓。

其次，控股股东股权质押后侵占上市公司资源的现象更加明显（郝项超和梁琪，2009；黄志忠和韩湘云，2014；郑国坚 等，2014）。资金占用实际上是一种无息贷款（Baek et al.，2006），被控股股东认为是有效且廉价的融资策略，其股权质押后通过这种方式转移公司资源。除了资金占用外，存在股权质押的控股股东还通过关联交易、资产买卖、借款担保等行为从上市公司"合法"转移资产。控股股东道德风险活动会加剧公司的财务困境和违约风险，损害抵押物价值，导致银行等金融机构面临较大信贷风险，故他们会索要更高的风险溢价，从而增加公司获取债务资金的成本。控股股东的利益侵占行为也会增加公司的权益资本成本（肖作平，2016）。可见，控股股东股权质押后对上市公司进行的道德风险活动会引起债务成本和权益成本的上升，从而增加资本结构调整成本。调整成本的大小直接影响资本结构调整的速度。因此，控股股东股权质押将减缓资本结构趋向目标水平调整的速度。

再次，控股股东股权质押产生的消极信号加大了上市公司融资的难度，会减缓资本结构调整速度。根据证监会的信息披露要求，当控股股东进行股权质押时，需要及时向外界公告股权质押的相关情况，这会向市场传递控股股东资金紧张等负面信息。在中国，资本市场还不是很发达，投资者面对负面信息时会引起放大效应。经过新闻媒体的传播和解读，股权质押信息很可能导致投资者对控股股东乃至上市公司资金流的担忧，甚至引发抛售股票等极端行为，如"德隆系"案例①。如果股权质押爆仓，导致控制权转移，依托控股股东担保或支持的贷款可能存在偿付风险。在这些因素的共同影响下，

① 2003 年，曾经叱咤风云的"德隆系"实际控制人将其在上市公司"湘火炬"的股权进行质押以获得银行融资的消息对外公告，导致市场原本对"德隆系"资金链断裂的怀疑加剧，投资者过度解读公告信息导致"湘火炬"股价跳水，进而导致大股东质押的股权价值大幅缩水，迫使银行采取要求提前还款和财产保全等措施，最终导致"德隆系"的崩盘。

外部权益及债务资金供给者会变得更加谨慎，以致上市公司很难通过外部融资来进行资本结构调整。

最后，资本结构趋向目标水平调整具有长期性的特征。资本结构调整活动从投入到产出是一个漫长的过程。虽然资本结构调整能够帮助公司提高资本配置效率，建立长期的竞争优势，但是与控制权的丧失相比，控股股东更加倾向于短期绩效的提升。在控股股东股权质押背景下，其调整上市公司资本结构的意愿会显著减弱。控股股东股权质押比例越高，说明其由股价下跌导致的控制权转移风险越大，对资本结构调整速度的负向影响越大。

根据上述分析，提出如下假设：

假设5-1：在其他条件不变的情况下，控股股东股权质押会减缓资本结构调整的速度，即控股股东股权质押比例越高，资本结构趋向目标水平调整的速度越慢。

（二）控股股东股权质押与资本结构调整方式

在中国，资本结构趋向目标水平调整的方式主要有四种，即发行股票、增加借款、现金分红和偿还债务。

从表面上看，控股股东将股权质押获得贷款会增加上市公司负债。沪深两市发布的上市公司股权质押公告显示，控股股东股权质押资金的投向至少有四种：控股股东本身、被质押的上市公司、第三方以及投向不详。张陶勇和陈焰华（2014）、何威风等（2018）的统计数据显示，控股股东股权质押贷款的对象主要是与控股股东有关联的其他公司，而非被质押的上市公司。由此可见，控股股东股权质押仅能导致很少量上市公司借款的增加。增加借款和发行股票这两种资本结构调整方式均依赖外部资金供给者。控股股东股权质押后对公司实施的资金占用等掏空行为以及为防御控制权转移风险对公司进行信息操纵、税收规避和盈余管理等行为，加大了公司违约的可能性，同时降低了信息透明度。潜在的资本供给者预见到这些风险性行为后，会要求更高的风险溢价，导致公司债务融资成本和权益融资成本上升。欧阳才越等（2018）实证检验了控股股东股权质押与上市公司新发行债券价格之间的关系，发现控股股东股权质押将导致公司以更高的价格发行债券，增加公司债务融资成本。此外，发布控股股东股权质押信息产生的负面影响会使公司融资更加困难。控股股东股权质押比例越高，负面信息对融资的影响越大。由此可见，较高的控股股东股权质押比例会降低公司通过增加借款和发行股票方式调整资本结构的概率。

对于进行股权质押的控股股东，上市公司派发的现金股利属于其股权的

“孳息”。《担保法》规定，“质权人有权收取质物所生的孳息”，因而控股股东将股权质押给银行等金融机构后，将无法获得质押股权产生的现金红利。若将现金保留在上市公司，控股股东可获得几乎绝对的支配权，还可以应对上市公司经营风险和自身财务风险。另外，控股股东已经采用股权质押融资完成了股权的部分变现，且中国上市公司整体的股息率较低，他们对现金股利的需求也在下降，所以存在控股股东股权质押的公司很有可能降低现金股利的发放。廖珂等（2018）探讨了控股股东股权质押对上市公司股利政策选择的影响，发现控股股东股权质押后更倾向于实施“高送转”的利润分配方案，以提升股价，防御控制权转移风险，却回避或者降低现金股利的发放。控股股东股权质押比例越高，其获得现金股利越少。因此，较高的控股股东股权质押比例将会降低公司通过现金分红方式调整资本结构的概率。

控股股东股权质押属于个体行为，但会影响公司债务的偿还。公司债务大部分来源于银行借款。Ahn 和 Choi（2009）认为，银行的外部监督作用可以降低债务人的道德风险。控股股东股权质押后的掏空行为以及为防御控制权转移风险采取的一系列活动，将会影响公司正常经营并提高破产风险，导致银行信贷资产风险增加，故银行有动机对其行为进行监督（张光利 等，2015），以保证贷款顺利收回。银行还可以通过贷款协议、不再发放新的贷款以及提前收回贷款等方式影响公司融资。控股股东股权质押比例越高，公司面临的代理问题越严重，受到银行的监管越严格，这将加快公司偿还贷款的速度。因此，较高的控股股东股权质押比例将会提高公司通过偿还债务方式调整资本结构的概率。

综上所述，提出如下假设：

假设 5-2：较高的控股股东股权质押比例将会降低公司通过增加债务、发行股票以及现金分红等方式调整资本结构的概率，而提高公司通过偿还债务方式调整资本结构的概率。

二、研究设计

（一）样本选择与数据来源

本书以中国 2006—2017 年沪深 A 股上市公司的数据为样本，按照如下顺序进行筛选：剔除金融类公司（由于金融行业的商业模式有别于其他行业，财务报表结构和主要会计项目也异于一般行业）；剔除 ST 和 *ST 公司（这些公司需进行特别处理或面临退市预警，其财务数据不能反映中国上市公司普遍财务状况）；剔除变量数据缺失的样本；估计资本结构调整速度需要连续两年的上市公司数据，故剔除只有一年数据的样本；在股权质押数据中，剔除了冻结样本。与控股股东名称匹配后，共获得 8457 个观测值。本章数据均来源于 CSMAR 数据库，为降低异常值影响，对连续变量进行 1%和 99%的缩尾处理。

（二）变量定义

被解释变量为资本结构调整速度，由标准部分调整模型（3.3）估算获得。该模型涉及两个变量：一是偏离目标程度（$Dev_{i,t}$），指 i 公司 t 年的目标资本结构与 t-1 年资本结构的差值，用于测度资本结构年度间偏离目标程度；二是实际调整程度（$\Delta Lev_{i,t}$），指 i 公司 t 年与 t-1 年资本结构的差值，用于衡量资本结构年度间的实际调整幅度。本章通过双向固定效应模型，将资本结构与公司规模、盈利能力、成长能力、有形资产比例、资本结构中位数、非债务税盾、第一大股东持股比例、高管薪酬、两职合一、高管年龄、市场化程度和 GDP 增长率等变量进行回归，近似地拟合出公司的最优资本结构（目标资本结构）。

解释变量为控股股东股权质押（$Pled_{i,t}$）。该变量采用两个指标衡量：一是股权质押比例，即通过控股股东股权质押数量除以控股股东持有上市公司股权数量衡量控股股东股权质押程度；二是股权质押比例_S，即通过控股股东股权质押数量占上市公司总股本的比例衡量控股股东股权质押程度。

本章所有变量的说明见表 5.1。

表 5.1　变量说明

变量类型	变量名称	变量说明
被解释变量	资本结构调整速度	通过标准部分调整模型（3.3）估算。该模型涉及资本结构实际调整程度和偏离目标程度两个变量
解释变量	股权质押比例	控股股东股权质押数量/控股股东持有上市公司股权数量
	股权质押比例_S	控股股东股权质押数量/上市公司总股本
拟合目标资本结构所涉及的变量	资本结构	总负债/总资产
	有形资产比例	固定资产净额/总资产
	盈利能力	总税前利润/总资产
	公司规模	总资产的自然对数
	非债务税盾	累计折旧/总资产
	成长能力	[（非流通股数/总股本）×净资产+流通股×股价+负债]/总资产
	资本结构中位数	资产负债率的行业年度中位数
	第一大股东持股比例	第一大股东持股数量/总股本

续表

变量类型	变量名称	变量说明
拟合目标资本结构所涉及的变量	高管薪酬	高管前三名薪酬总额的自然对数
	两职合一	总经理兼任董事长为 1，否则为 0
	高管年龄	每家公司高管成员的平均年龄
	市场化程度	市场化指数①
	GDP 增长率	国内生产总值指数②

注：①市场化程度通过樊纲、王小鲁和朱恒鹏编制的《中国市场化指数——各地区市场化相对进程 2011 年报告》中的市场化指数间接衡量。由于该指数更新至 2009 年，故 2010—2017 年各省份的市场化指数数据，通过前五年的平均增长率计算获得。②国内生产总值指数来自国家统计局网站。

（三）模型构建

1. 控股股东股权质押和资本结构调整速度之间关系的模型构建

为检验控股股东股权质押对资本结构动态调整的影响，本章参考 Faulkender 等（2012）和 Jiang 等（2017）的研究，加入控股股东股权质押和偏离目标程度交互项（$Pled_{i,t} \times Dev_{i,t}$），拓展标准部分调整模型（3.3），构建模型（5.1）：

$$\Delta Lev_{i,t}=\tau_0+\tau_1 Pled_{i,t}\times Dev_{i,t}+\tau_2 Pled_{i,t}+\varepsilon_{i,t} \tag{5.1}$$

其中，τ_1 是控股股东股权质押和偏离目标程度交互项的回归系数。若 τ_1 显著小于 0，说明控股股东股权质押比例越高，公司资本结构趋向目标水平调整的速度越慢；若 τ_1 显著大于 0，说明控股股东股权质押比例越高，越有利于加快资本结构调整的速度。

2. 构建控股股东股权质押和资本结构调整方式模型

为检验控股股东股权质押对资本结构调整方式的影响，构建 Logit 模型（5.2）：

$$P(Adj\_N_{i,t}=1)=\Phi(\alpha_0+\alpha_1 |Dev_{i,t}| +\alpha_3 |Dev_{i,t}| \times Pled_{i,t}+\varphi Control_{i,t}+\varepsilon_{i,t}) \tag{5.2}$$

其中，$Adj\_N_{i,t}$ 为资本结构调整方式的哑变量；$|Dev_{i,t}| = |Lev^*_{i,t}-Lev_{i,t-1}|$ 为资本结构偏离目标程度的绝对值，记为偏离目标程度_abs；$Control_{i,t}$ 为影响资本结构调整行为的一系列公司特征、公司治理以及外部宏观环境等控制变量，具体包括公司规模、成长能力、盈利能力、有形资产比例、非债务税盾、资本结构中位数、第一大股东持股比例、高管薪酬、两职合一、高管年龄、市场化程度以及年度和行业虚拟变量等。假定 Φ 服从 Logitstic 分布，本章采用 Logit 模型进行回归。$|Dev_{i,t}| \times Pled_{i,t}$ 是偏离目标程度与控股股东股权质押交互

项，若交互项回归系数 α_3 显著为负，说明控股股东股权质押降低了公司通过方式 N 调整资本结构的概率。

本章参考林慧婷等（2016）和巫岑等（2019）的做法，将资本结构调整方式分为增加借款、现金分红、发行股票和偿还债务四种。增加借款方式通过“取到借款收到的现金”占期初的总资产比例度量，若该比例大于5%，记为1，否则为0；现金分红方式通过“分配股利、利润或偿付利息支付的现金”占期初的总资产比例度量，若该比例大于5%，记为1，否则为0；偿还债务方式采用“偿还债务支付的现金”占期初的总资产比例衡量，若该比例大于5%，记为1，否则为0；发行股票方式采用“吸收权益性投资收到的现金”占期初的总资产比例衡量，若该比例大于5%，记为1，否则为0。

三、控股股东股权质押对资本结构调整速度的影响

（一）描述性统计

变量的描述性统计见表5.2。

表5.2　变量的描述性统计

变量	样本数	均值	标准差	最小值	P_{25}	中位数	P_{75}	最大值
实际调整程度	8457	0.012	0.087	-0.254	-0.030	0.011	0.056	0.271
偏离目标程度	8457	0.008	0.090	-0.226	-0.048	0.006	0.059	0.267
股权质押比例	8457	0.601	0.307	0.026	0.350	0.589	0.916	1.000
股权质押比例_S	8457	0.190	0.121	0.008	0.097	0.170	0.258	0.558
目标资本结构	8457	0.446	0.180	0.082	0.307	0.444	0.582	0.839
资本结构	8457	0.450	0.203	0.059	0.290	0.448	0.605	0.899
公司规模	8457	21.953	1.100	19.663	21.168	21.850	22.623	25.121
盈利能力	8457	0.051	0.055	-0.181	0.028	0.049	0.077	0.210
有形资产比例	8457	0.211	0.153	0.002	0.088	0.184	0.310	0.643
成长能力	8457	2.141	1.550	0.660	1.205	1.662	2.463	10.167
非债务税盾	8457	0.019	0.014	0.000	0.008	0.016	0.026	0.065
资本结构中位数	8457	0.421	0.117	0.214	0.336	0.398	0.487	0.701
第一大股东持股比例	8457	0.330	0.137	0.088	0.223	0.313	0.424	0.712
高管薪酬	8457	14.089	0.761	12.101	13.614	14.089	14.566	16.098
两职合一	8457	0.291	0.454	0.000	0.000	0.000	1.000	1.000
GDP增长率	8457	7.857	1.720	6.700	6.800	6.900	7.900	14.200
高管年龄	8457	47.993	2.962	40.952	46.000	48.000	50.063	54.875
市场化程度	8457	10.212	2.893	4.750	8.357	10.220	11.452	17.836

如果实际调整程度大于0，说明公司通过增加借款或者现金分红等方式对上一年资本结构进行了调整；如果实际调整程度小于0，说明公司通过发行股票或者偿还债务等方式对上一年的资本结构进行了调整。由表5.2可知，实际调整程度的四分之一分位数（P_{25}）为-0.030，说明至少1/4的样本公司在新的年度采用发行股票或者偿还债务等方式对上一年的资本结构进行了调整；实际调整程度中位数为0.011，说明多数样本公司在新的年度通过增加借款或者现金分红等方式对上一年的资本结构进行了调整。

如果偏离目标程度大于0，说明目标资本结构大于实际值，公司处于负债不足状态；如果偏离目标程度小于0，说明目标资本结构小于实际值，公司处于过度负债状态。由表5.2可知，偏离目标程度的四分之一分位数（P_{25}）为-0.048，说明至少1/4样本公司的目标资本结构小于实际值，这些公司处于过度负债状态；偏离目标程度的中位数为0.006，说明至少1/2样本的实际资本结构小于目标水平，这些公司处于负债不足状态。目标资本结构的均值和标准差分别为0.446和0.180，与资本结构的均值和标准差较为接近，说明本章估计的目标资本结构相对合理。

股权质押比例均值为0.601，说明控股股东将持有的上市公司60.1%的股份进行了股权质押。股权质押比例的四分之三分位数①（P_{75}）为0.916，说明至少1/4的控股股东将持有上市公司多于90%的股份，进行了股权质押融资，一旦上市公司股价暴跌，控股股东将面临巨大的控制权转移风险。股权质押比例_S均值为0.190，说明控股股东股权质押的数量占上市公司总股本的比例为19%。股权质押比例_S的四分之三分位数（P_{75}）为0.258，说明至少1/4的控股股东质押的股权占据了上市公司总股本的25.8%以上，这些控股股东在上市公司中占据举足轻重的位置。股价波动对控股股东质押的股权影响巨大，所以控股股东将会进行市值管理活动以稳定股价。

将资本结构与公司规模、盈利能力、非债务税盾、成长能力、第一大股东持股比例、高管薪酬、有形资产比例、资本结构中位数、两职合一、高管年龄、GDP增长率以及市场化程度等变量进行回归，拟合出目标资本结构，这些变量经过Winsor处理后，均在合理范围内。第一大股东持股比例的均值和最大值分别为0.330和0.712，说明中国上市公司依然存在“一股独大”的现象。两职合一的均值为0.291，说明29.1%样本公司的总经理兼任董事长。高管年龄的均值、最小值和最大值分别为47.993、40.952和54.875，说明不同公司间高管的平均年龄相差较大。市场化程度的均值、最小值和最大值分

① 指该样本中所有数值由小到大排列后第75%的数字。

别为10.212、4.750和17.836，说明中国各省份的市场环境差异较大，可能会影响上市公司对融资方式的选择。

（二）相关性分析

本章对主要变量进行了Pearson相关性检验，其中公司规模、盈利能力、成长能力、第一大股东持股比例、高管薪酬、两职合一、高管年龄、GDP增长率和市场化程度为控制变量，在稳健性检验中参与了回归模型，故检验了它们之间的相关性，其相关系数和显著性水平见表5.3。

由表5.3可知，偏离目标程度与实际调整程度显著正相关（相关系数为0.484，在1%的水平上显著），说明当实际资本结构偏离目标水平后，公司会通过多种调整方式将其趋向目标水平调整。股权质押比例与实际调整程度显著负相关（相关系数为-0.006，在5%的水平上显著），说明控股股东股权质押比例越高，公司对资本结构实际调整得越少，很可能不利于实际资本结构趋向目标水平调整。第一大股东持股比例与实际调整程度显著正相关（相关系数为0.044，在1%的水平上显著），说明第一大股东持股比例越高，对上市公司的影响越大，越能促进公司对资本结构进行调整。两职合一与实际调整程度显著正相关（相关系数为0.059，在1%的水平上显著），说明上市公司总经理兼任董事长可以提高管理效率，有利于调整资本结构。公司规模与实际调整程度显著负相关（相关系数为-0.024，在5%的水平上显著），说明公司规模越大，资本结构实际调整的幅度越小。盈利能力与实际调整程度显著负相关（相关系数为-0.174，在1%的水平上显著），说明公司拥有较强的盈利能力，可以利用内部盈余进行新项目开发，故较少使用外部债务融资和权益融资。上市公司的成长能力、市场化程度、GDP增长率和高管薪酬与实际调整程度的相关系数均不显著，说明这些因素不会影响资本结构实际调整程度。

（三）回归结果分析

本章采用模型（5.1）检验控股股东股权质押对资本结构动态调整的影响，为了便于对回归结果进行经济解释，对股权质押比例和股权质押比例_S两个变量进行标准化处理，结果见表5.4。由于本章采用的是非平衡面板数据，同一公司不同时期的扰动项很可能存在自相关，不同公司之间很可能存在异方差，会影响回归系数的显著性水平，所以对标准误进行了公司层面的Cluster处理，以降低异方差和自相关对估计结果的影响。此外，若模型的解释变量之间存在高度相关关系，则会引起严重的多重共线性问题，导致回归结果失真，故采用方差膨胀因子检验解释变量之间的多重共线性。

表 5.3　主要变量间的相关性分析

变量	实际调整程度	偏离目标程度	股权质押比例	公司规模	盈利能力	成长能力	第一大股东持股比例	高管薪酬	两职合一	GDP 增长率	高管年龄	市场化程度
实际调整程度	1.000											
偏离目标程度	0.484***	1.000										
股权质押比例	-0.006**	-0.017**	1.000									
公司规模	-0.024**	-0.060***	-0.034***	1.000								
盈利能力	-0.174***	-0.018*	-0.149***	0.092***	1.000							
成长能力	-0.011	0.008	0.027**	-0.404***	0.030***	1.000						
第一大股东持股比例	0.044***	-0.001	-0.195***	0.117***	0.101***	-0.128***	1.000					
高管薪酬	-0.012	0.006	-0.076***	0.448***	0.231***	-0.024**	-0.036***	1.000				
两职合一	0.059***	0.048***	-0.020*	-0.115***	0.012	0.073***	-0.011	0.072***	1.000			
GDP 增长率	0.002	-0.029***	0.043***	-0.170***	-0.010	-0.135***	0.077***	-0.390***	-0.150***	1.000		
高管年龄	-0.069***	-0.042***	-0.108***	0.221***	0.027**	-0.027**	-0.014	0.170***	-0.110***	-0.193***	1.000	
市场化程度	0.011	0.004	-0.056***	-0.010	0.071***	0.024**	-0.005	0.192***	0.115***	-0.276***	-0.002	1.000

注：***、**、*分别表示在1%、5%和10%的水平上显著。

表 5.4 控股股东股权质押与资本结构动态调整的回归结果（模型 5.1）

变量	实际调整程度	
	股权质押比例	股权质押比例_S
偏离目标程度	0.478*** (37.998)	0.473*** (37.262)
偏离目标程度×股权质押比例	-0.050*** (-4.280)	
股权质押比例	0.001 (0.726)	
偏离目标程度×股权质押比例_S		-0.032*** (-2.701)
股权质押比例_S		0.003*** (3.206)
常数项	0.008*** (11.197)	0.008*** (11.131)
观测值	8457	8457
调整 R^2	0.236	0.236
F 值	482.427	464.594
方差膨胀因子最大值	1.05	1.02

注：括号内的数值为标准误差经公司层面 Cluster 处理后计算得到的 T 值；***表示在 1%的水平上显著。

由表 5.4 可知，解释变量之间方差膨胀因子的最大值为 1.05，说明模型的解释变量之间不存在多重共线性问题。偏离目标程度和股权质押比例交互项与实际调整程度的回归系数为-0.050（T 值为-4.280），说明控股股东股权质押比例越高，上市公司资本结构趋向目标水平调整的速度越慢。从经济意义上来讲，控股股东股权质押比例每增加 1 个标准差，资本结构调整速度会下降 10.46%（0.050/0.478）。同样，采用股权质押比例_S 这一指标后，偏离目标程度和股权质押比例_S 交互项与实际调整程度的回归系数为-0.032（T 值为-2.701），说明控股股东股权质押显著减缓了资本结构调整的速度。可见，控股股东股权质押减缓了上市公司资本结构调整的速度，不仅在统计上显著，还具有一定的经济意义，验证了假设 5-1。

四、控股股东股权质押对资本结构调整方式的影响

（一）描述性统计

本章采用模型（5.2）检验控股股东股权质押与资本结构调整方式之间的关系，该模型涉及的股权质押比例、公司规模、盈利能力、非债务税盾、成长能力、第一大股东持股比例、高管薪酬、有形资产比例、资本结构中位数、两职合一、高管年龄以及市场化程度等变量的基本状况见表5.1，现对资本结构调整方式和偏离目标程度_abs进行描述性统计，见表5.5。

表5.5　变量的描述性统计

变量		样本数	均值	标准差	最小值	P_{25}	中位数	P_{75}	最大值
资本结构调整方式	增加借款	8457	0.591	0.492	0.000	0.000	1.000	1.000	1.000
	偿还债务	8457	0.582	0.493	0.000	0.000	1.000	1.000	1.000
	发行股票	8457	0.138	0.345	0.000	0.000	0.000	0.000	1.000
	现金分红	8457	0.060	0.237	0.000	0.000	0.000	0.000	1.000
偏离目标程度_abs		8457	0.069	0.058	0.000	0.025	0.053	0.096	0.267

由表5.5可知，增加借款调整方式的均值为0.591，说明有59.1%的样本公司通过增加借款方式进行资本结构调整；偿还债务调整方式的均值为0.582，说明有58.2%的样本公司通过偿还债务方式进行资本结构调整；发行股票和现金分红调整方式的均值分别为0.138和0.060，说明有13.8%和6.0%的样本公司通过发行股票和现金分红方式进行资本结构调整。从均值上看，存在控股股东股权质押的多数样本公司通过增加借款和偿还债务方式调整资本结构，较少样本公司通过发行股票和现金分红方式调整资本结构。偏离目标程度_abs的均值为0.069，最大值为0.267，该值经过Winsor处理后也在合理范围内。

（二）回归结果分析

采用模型（5.2）检验控股股东股权质押与增加借款、发行股票、现金分红和偿还债务四种资本结构调整方式之间的关系，回归结果见表5.6。

表 5.6　控股股东股权质押对资本结构调整方式的影响

变量	资本结构调整方式			
	增加借款	现金分红	发行股票	偿还债务
偏离目标程度_abs	-1.771 (-1.636)	2.713 (1.227)	3.298** (2.422)	-2.350 (-1.323)
偏离目标程度_abs×股权质押比例	-2.739* (-1.773)	-4.721 (-1.552)	-4.394** (-2.352)	-4.079*** (-2.662)
公司规模	0.769*** (17.003)	0.332*** (4.595)	0.430*** (10.454)	0.784*** (17.570)
盈利能力	-2.196*** (-3.841)	13.675*** (9.871)	1.395** (2.019)	-2.172*** (-3.823)
成长能力	-0.086 (-0.213)	0.267 (0.383)	-0.831* (-1.821)	-0.138 (-0.339)
有形资产比例	-0.031 (-1.338)	0.100** (2.268)	-0.156*** (-4.808)	-0.009 (-0.394)
非债务税盾	8.845* (1.876)	-0.993 (-0.122)	-12.525** (-2.422)	15.726*** (3.535)
资本结构中位数	1.548** (2.001)	2.901** (1.990)	-1.601 (-1.534)	1.386* (1.803)
第一大股东持股比例	-0.193 (-0.764)	1.667*** (3.962)	-1.237*** (-4.709)	-0.129 (-0.509)
高管薪酬	-0.213*** (-3.786)	0.339*** (3.051)	-0.052 (-0.930)	-0.209*** (-3.734)
两职合一	-0.066 (-0.973)	0.200 (1.405)	0.079 (1.112)	-0.137** (-2.050)
高管年龄	0.008 (0.695)	0.021 (0.999)	-0.036*** (-2.952)	0.009 (0.757)
市场化程度	0.011 (0.874)	-0.006 (-0.269)	0.012 (1.013)	0.014 (1.124)
常数项	-15.872*** (-12.864)	-20.405*** (-9.714)	-8.113*** (-6.406)	-16.448*** (-13.417)
年度固定效应	控制	控制	控制	控制
行业固定效应	控制	控制	控制	控制

续表

变量	资本结构调整方式			
	增加借款	现金分红	发行股票	偿还债务
样本数	8457	8457	8457	8457
伪 R^2	0.146	0.170	0.106	0.149

注：括号内的数值为标准误差经公司层面 Cluster 处理后计算得到的 T 值；***、**、* 分别表示在 1%、5%和 10%的水平上显著。

偏离目标程度和股权质押比例交互项的回归系数代表了在资本结构调整方式中控股股东股权质押的影响。由表 5.6 可知，偏离目标程度_abs 和股权质押比例交互项与增加借款调整方式的回归系数为-2.739（T 值为-1.773），说明较高的控股股东股权质押比例会显著降低上市公司通过增加借款方式调整资本结构的概率。偏离目标程度_abs 和股权质押比例交互项与现金分红调整方式的回归系数为-4.721（T 值为-1.552），说明控股股东股权质押对资本结构调整速度的抑制作用不是通过现金分红方式来实现的。偏离目标程度_abs 和股权质押比例交互项与发行股票调整方式的回归系数为-4.394（T 值为-2.352），说明控股股东股权质押比例越高，越会显著降低公司通过发行股票方式调整资本结构的概率。偏离目标程度_abs 和股权质押比例交互项与偿还债务调整方式的回归系数为-4.079（T 值为-2.662），说明较高的控股股东股权质押比例会显著降低公司通过偿还债务方式调整资本结构的概率。

上述回归结果表明，控股股东股权质押对资本结构调整速度的抑制作用主要通过增加借款、发行股票或者偿还债务等方式实现。控股股东股权质押后的掏空行为以及防御控制权转移风险活动，会降低上市公司与外部资本供给者之间的信息透明度。同时，潜在的资本供给者考虑到控股股东股权质押后的风险性行为，将对公司的贷款和发行股票融资更加谨慎，从而导致公司很难通过增加借款或发行股票方式进行资本结构调整。此外，较高的控股股东股权质押比例会降低公司通过偿还债务方式调整资本结构的概率。控股股东股权质押导致公司通过增加借款或发行股票方式融资困难，上市公司不会倾向于通过偿还债务方式进行资本结构调整。

上述回归结果假定模型（5.2）中的 Φ 服从 Logitstic 分布，为保证结果的稳定性，本章假设 Φ 服从正态分布，通过 Probit 模型再次检验控股股东股权质押对资本结构调整方式的影响，回归结果见表 5.7。

表 5.7　Probit 模型检验后的回归结果（模型 5.2）

变量	资本结构调整方式			
	增加借款	现金分红	发行股票	偿还债务
偏离目标程度_abs	-2.059 (-1.147)	0.147 (0.111)	2.720** (2.138)	-2.282 (-1.261)
偏离目标程度_abs×股权质押比例	-3.140** (-2.030)	-2.026 (-1.089)	-4.143** (-2.372)	-3.152** (-2.031)
公司规模	0.766*** (17.371)	0.589*** (12.642)	0.425*** (10.823)	0.800*** (18.085)
盈利能力	-2.055*** (-3.667)	8.355*** (10.285)	1.487** (2.260)	-2.043*** (-3.585)
成长能力	-0.221 (-0.553)	0.263 (0.586)	-0.787* (-1.861)	-0.364 (-0.900)
有形资产比例	-0.009 (-0.399)	0.063** (2.185)	-0.101*** (-3.602)	0.015 (0.671)
非债务税盾	10.191** (2.257)	6.428 (1.249)	-12.683*** (-2.659)	16.572*** (3.796)
资本结构中位数	1.403* (1.792)	1.978** (2.181)	-1.098 (-1.058)	1.383* (1.783)
第一大股东持股比例	-0.222 (-0.893)	1.179*** (4.313)	-1.184*** (-4.771)	-0.132 (-0.524)
高管薪酬	-0.184*** (-3.327)	0.099 (1.537)	-0.019 (-0.369)	-0.219*** (-3.958)
两职合一	-0.098 (-1.463)	0.016 (0.193)	0.092 (1.335)	-0.188*** (-2.808)
高管年龄	0.009 (0.773)	0.029** (2.154)	-0.032*** (-2.818)	0.011 (0.987)
市场化程度	0.009 (0.709)	0.007 (0.479)	0.014 (1.234)	0.009 (0.709)
常数项	-15.884*** (-13.223)	-20.208*** (-14.243)	-8.577*** (-7.148)	-16.457*** (-13.800)
年度固定效应	控制	控制	控制	控制
行业固定效应	控制	控制	控制	控制
样本数	8457	8457	8457	8457
伪 R^2	0.144	0.149	0.101	0.150

注：括号内的数值为标准误差经公司层面 Cluster 处理后计算得到的 T 值；***、**、* 分别表示在 1%、5%和 10%的水平上显著。

由表 5.7 可知，通过 Probit 模型回归后，偏离目标程度_abs×股权质押比例与增加借款调整方式的回归系数为-3.140（T 值为-2.030），偏离目标程度_abs×股权质押比例和发行股票调整方式的回归系数为-4.143（T 值为-2.372），偏离目标程度_abs×股权质押比例和偿还债务调整方式的回归系数为-3.152（T 值为-2.031），偏离目标程度_abs×股权质押比例和现金分红调整方式的回归系数为-2.026（T 值为 1.089）。可见，较高的控股股东股权质押比例会降低上市公司通过增加借款、发行股票或偿还债务方式调整资本结构的概率，但上市公司不会通过现金分红方式调整资本结构，即控股股东股权质押对资本结构调整速度的抑制作用依赖增加借款、发行股票和偿还债务三种资本结构调整方式。

五、稳健性检验

（一）控制其他变量

本章用高管薪酬、两职合一和第一大股东持股比例三个变量衡量公司治理状况，用盈利能力、成长能力和公司规模三个变量衡量公司特征，用市场化程度、GDP 增长率两个变量衡量外部宏观环境，用高管年龄变量反映管理者特征，还在模型中控制了年度和行业因素对资本结构调整的影响。

为了便于对回归结果进行经济解释，对上述连续变量进行标准化处理，并用偏离目标程度分别乘以变量，通过交互项的形式加到模型（5.1）右边，以控制它们对资本结构调整速度的影响，但并没有加入这些变量的一次项。这是因为，在衡量目标资本结构的模型（$Lev_{i,t}^{*}=\gamma X_{i,t-1}+\varepsilon_{i,t}$）中，$X_{i,t-1}$ 已经包含了高管薪酬、两职合一、第一大股东持股比例、盈利能力、成长能力、公司规模、市场化程度以及 GDP 增长率等变量，若在模型（5.1）［$\Delta Lev_{i,t}=(\tau_0+\tau_1 Pled_{i,t})\times(Lev_{i,t}^{*}-Lev_{i,t-1})+\tau_2 Pled_{i,t}+\varepsilon_{i,t}$］中再加入这些变量的一次项，相当于这些变量在模型的右边出现了两次。若要考察这些因素对资本结构趋向目标水平调整速度的影响，仅能将其以交互项的形式加入模型进行实证检验，回归结果见表 5.8。

表 5.8 控制其他变量影响后的回归结果

变量	实际调整程度	
	指标 1	指标 2
偏离目标程度	0.462*** (30.871)	0.460*** (30.849)

续表

变量	实际调整程度	
	指标 1	指标 2
偏离目标程度×股权质押比例	-0.044*** (-3.624)	
股权质押比例	0.001 (0.690)	
偏离目标程度×股权质押比例_S		-0.039*** (-2.996)
股权质押比例_S		0.002*** (2.753)
偏离目标程度×公司规模	-0.002 (-0.160)	-0.001 (-0.099)
偏离目标程度×盈利能力	0.042*** (3.301)	0.044*** (3.434)
偏离目标程度×成长能力	-0.004 (-0.345)	-0.005 (-0.385)
偏离目标程度×第一大股东持股比例	-0.008 (-0.698)	0.021 (1.629)
偏离目标程度×高管薪酬	0.003 (0.202)	0.003 (0.187)
偏离目标程度×两职合一	0.048* (1.906)	0.049* (1.914)
偏离目标程度×GDP 增长率	-0.044*** (-3.931)	-0.044*** (-3.899)
偏离目标程度×高管年龄	-0.029*** (-2.590)	-0.028** (-2.479)
偏离目标程度×市场化程度	0.000 (0.017)	0.001 (0.053)
常数项	-0.006 (-0.711)	-0.005 (-0.604)
年度固定效应	控制	控制
行业固定效应	控制	控制

续表

变量	实际调整程度	
	指标 1	指标 2
样本数	8457	8457
调整 R^2	0. 250	0. 250
F 值	75. 999	76. 498
方差膨胀因子最大值	1. 69	1. 63

注：括号内的数值为标准误差经公司层面 Cluster 处理后计算得到的 T 值；***、**、* 分别表示在 1%、5%和 10%的水平上显著。

控制其他变量对资本结构调整的影响后，表 5. 8 中的方差膨胀因子最大值为 1. 69，说明解释变量之间不存在多重共线性问题。偏离目标程度×股权质押比例与实际调整程度的回归系数为-0. 044（T 值为-3. 624），且偏离目标程度×股权质押比例_S 与实际调整程度的回归系数为-0. 039（T 值为-2. 996），说明控股股东股权质押减缓了资本结构趋向目标水平调整的速度。在控制变量中，盈利能力、两职合一和偏离目标程度交互项的回归系数显著为正，说明公司盈利能力越强以及总经理兼任董事长，越有利于降低调整成本，促进资本结构趋向目标水平调整。高管年龄、GDP 增长率和偏离目标程度交互项的回归系数显著为负，说明公司高管年龄越大，在公司资本结构决策中越倾向于采取保守策略，这会加重资本结构调整的惰性，而 GDP 增长速度越快，公司受到宏观经济形势的刺激越大，越有可能过度使用负债，使实际资本结构偏离目标水平，减缓资本结构调整的速度。

（二）修正模型

标准部分调整模型实际上包含了主动调整和机械调整两种不同性质的资本结构动态调整。主动调整是指公司利用资本市场渠道，通过发行新股、发行债券、增加或者偿还银行贷款、现金分红以及股票回购等方式，主动地对资本结构进行调整。机械调整是指即使公司在某些年度没有主动调整资本结构的财务行为，但由于实现了年度盈余或亏损，年末资本结构相对年初资本结构依然发生了变化。本章借鉴 Faulkender 等（2012）的做法，剥离资本结构调整中的机械调整部分，在修正模型（4. 8）的基础上，加入股权质押比例和偏离目标程度的交互项，构建模型（5. 3），重新考察控股股东股权质押对资本结构调整速度的影响。

$$\Delta Lev_{i,t}^{p}=\varpi_0+\varpi_1 Pled_{i,t}\times Dev_{i,t}^{p}+\varpi_2 Pled_{i,t}+\varepsilon_{i,t} \qquad (5.3)$$

其中，ϖ_1表示控股股东股权质押与偏离目标程度交互项的回归系数。若ϖ_1系数显著为负，说明控股股东股权质押减缓了公司主动调整资本结构的速度；若ϖ_1系数显著均为正，说明控股股东股权质押加快了公司主动调整资本结构的速度。

在通过模型（5.3）检验控股股东股权质押对资本结构动态调整的影响时，依然控制公司特征、公司治理和外部宏观环境等因素，回归结果见表5.9。

表5.9　修正模型后的回归结果

变量	实际调整程度	
	指标1	指标2
偏离目标程度	0.464*** (31.906)	0.459*** (32.004)
偏离目标程度×股权质押比例	-0.040*** (-3.035)	
股权质押比例	-0.002 (-1.373)	
偏离目标程度×股权质押比例_S		-0.030** (-2.105)
股权质押比例_S		0.002** (2.077)
偏离目标程度×公司规模	0.015 (0.880)	0.017 (0.990)
偏离目标程度×盈利能力	0.025** (2.254)	0.026** (2.342)
偏离目标程度×成长能力	0.021 (1.502)	0.021 (1.546)
偏离目标程度×第一大股东持股比例	-0.011 (-0.815)	0.015 (0.958)
偏离目标程度×高管薪酬	-0.004 (-0.281)	-0.005 (-0.362)
偏离目标程度×两职合一	0.044 (1.638)	0.044* (1.657)
偏离目标程度×GDP增长率	-0.035*** (-2.594)	-0.033** (-2.470)

续表

变量	实际调整程度	
	指标 1	指标 2
偏离目标程度×高管年龄	-0.030** (-2.429)	-0.028** (-2.273)
偏离目标程度×市场化程度	-0.019 (-1.553)	-0.017 (-1.380)
常数项	0.005 (0.589)	0.005 (0.514)
年度固定效应	控制	控制
行业固定效应	控制	控制
样本数	8457	8457
调整 R^2	0.227	0.226
F 值	27.891	27.756

注：括号内的数值为标准误差经公司层面 Cluster 处理后计算得到的 T 值；***、**、* 分别表示在 1%、5%和 10%的水平上显著。

由表 5.9 可知，修正模型后控股股东股权质押两个指标（股权质押比例和股权质押比例_S）与偏离目标程度交互项的回归系数分别为-0.040（T 值为-3.035）和-0.030（T 值为-2.105），说明剔除净利润变化导致的资本结构调整后，控股股东股权质押比例越高，上市公司实际资本结构趋向目标水平调整的速度越慢。控股股东股权质押后对公司进行的资金占用等掏空行为以及为防御控制权转移风险对公司进行的信息操纵、盈余管理和税收规避等活动，会导致潜在资本供给者索要更高的风险溢价，从而增加资本结构调整成本。发布控股股东股权质押公告产生的负面影响，使上市公司想进行资本结构调整却面临“融资难”的困境加剧。控股股东股权质押的风险性行为阻碍了公司通过资本市场渠道，以发行新股、发行债券、增加或者偿还银行贷款、现金分红以及股票回购等方式主动对资本结构进行调整的行为。

（三）替换资本结构的其他衡量指标

在现有研究中，有些学者以有息负债率［(银行借款+应付债券+一年内到期的非流动负债)/总资产］作为公司资本结构的衡量指标，并用该指标计算目标有息负债率，而后通过标准部分调整模型估计资本结构调整速度。本章同样用有息负债率计算目标有息负债率，并把标准部分调整模型作为衡量调整速度的基准模型。本章扩展了标准部分调整模型，加入股权质押比例和偏离目标程度交互项（偏离目标程度×股权质押比例）以及股权质押比例_S和偏离目标程度交互项（偏离目标程度×股权质押比例_S），重新检验控股股东股权质押对资本结构动态调整的影响，回归结果见表5.10。

表5.10　资本结构其他衡量指标的回归结果

变量	实际调整程度	
	指标1	指标2
偏离目标程度	0.520*** (35.349)	0.517*** (35.534)
偏离目标程度×股权质押比例	-0.033*** (-2.585)	
股权质押比例	0.001* (1.699)	
偏离目标程度×股权质押比例_S		-0.029** (-2.069)
股权质押比例_S		0.003*** (3.823)
偏离目标程度×公司规模	-0.005 (-0.345)	-0.004 (-0.283)
偏离目标程度×盈利能力	0.054*** (4.085)	0.054*** (4.173)
偏离目标程度×成长能力	0.006 (0.378)	0.005 (0.309)
偏离目标程度×第一大股东持股比例	-0.008 (-0.668)	0.013 (0.929)
偏离目标程度×高管薪酬	-0.004 (-0.289)	-0.004 (-0.277)
偏离目标程度×两职合一	0.013 (0.447)	0.014 (0.463)
偏离目标程度×GDP增长率	-0.056*** (-4.533)	-0.056*** (-4.471)
偏离目标程度×高管年龄	-0.031*** (-2.652)	-0.029** (-2.493)
偏离目标程度×市场化程度	0.007 (0.511)	0.007 (0.501)
常数项	0.002 (0.312)	0.003 (0.530)

续表

变量	实际调整程度	
	指标 1	指标 2
年度固定效应	控制	控制
行业固定效应	控制	控制
样本数	7325	7325
调整 R^2	0. 277	0. 277
F 值	89. 294	89. 225

注：括号内的数值为标准误差经公司层面 Cluster 处理后计算得到的 T 值；***、**、* 分别表示在 1%、5%和 10%的水平上显著。

由表 5. 10 可知，替换资本结构的其他衡量指标后，股权质押比例和偏离目标程度交互项与实际调整程度的回归系数为-0. 033（T 值为-2. 585），股权质押比例_S 和偏离目标程度交互项与实际调整程度的回归系数为-0. 029（T 值为-2. 069）。由此可见，控股股东股权质押后对上市公司实施的掏空行为和防御控制权转移风险活动，会提高资本结构调整成本，导致上市公司融资困难，从而减缓实际资本结构趋向目标水平调整的速度。

（四）工具变量法

为控制其他遗漏变量对回归结果的影响，本章参考谢德仁等（2016）和 Gu 等（2019）的研究，以同年度同行业其他公司的控股股东股权质押比例均值（股权质押比例_Ind）和同省份同年度其他公司控股股东股权质押比例均值（股权质押比例_Prov）作为工具变量，采用两阶段最小二乘法（2SLS）解决该类内生性问题。在第一阶段回归中，被解释变量为股权质押比例，解释变量为股权质押比例_Ind 和股权质押比例_Prov。参考何威风等（2018）的研究，以公司规模、盈利能力、第一大股东持股比例、现金流、产权性质、成长能力为控制变量，以年度和行业为虚拟变量，回归结果见表 5. 11。

表 5. 11　第一阶段的回归结果

变量	股权质押比例	
	指标 1	指标 2
股权质押比例_Ind	0. 185*** (3. 529)	
资本结构	0. 210*** (8. 323)	0. 211*** (8. 384)

续表

变量	股权质押比例	
	指标 1	指标 2
公司规模	0.000 (0.076)	0.001 (0.140)
盈利能力	-0.357*** (-6.514)	-0.363*** (-6.604)
第一大股东持股比例	-0.273*** (-7.511)	-0.271*** (-7.476)
现金流	0.054 (1.513)	0.057 (1.589)
产权性质	-0.181*** (-10.710)	-0.179*** (-10.630)
成长能力	-0.168*** (-7.074)	-0.169*** (-7.087)
股权质押比例_Prov		0.135** (2.279)
行业固定效应	控制	控制
年度固定效应	控制	控制
常数项	0.679*** (5.559)	0.672*** (5.488)
观测值	8457	8457
调整 R^2	0.105	0.104
F 值	13.484	13.323

注：括号内的数值是标准误差经公司层面 Cluster 处理后计算得到的 T 值；***、**分别表示在1%、5%的水平上显著。

由表 5.11 可知，在第一阶段的回归结果中，股权质押比例_Ind 与股权质押比例的回归系数为 0.185（T 值为 3.529），在 1%的水平上显著，表示同行业同年度其他上市公司控股股东的股权质押比例越高，上市公司控股股东的股权质押比例也越高。股权质押比例_Prov 与股权质押比例的回归系数为 0.135（T 值为 2.279），在 5%的水平上显著，表示同省份同年度其他上市公司控股股东的股权质押比例越高，上市公司控股股东的股权质押比例也越高。

采用 2SLS 进行第二阶段的回归，结果见表 5.12。

表 5.12　第二阶段的回归结果

变量	实际调整程度	
	指标 1	指标 2
偏离目标程度	0.457*** (31.218)	0.459*** (31.563)
偏离目标程度×股权质押比例_Ind	-0.093** (-1.962)	
股权质押比例_Ind	0.010*** (3.251)	
偏离目标程度×股权质押比例_Prov		-0.099** (-2.087)
股权质押比例_Prov		0.010*** (3.281)
偏离目标程度×公司规模	-0.006 (-0.471)	-0.005 (-0.355)
偏离目标程度×盈利能力	0.047*** (3.617)	0.045*** (3.435)
偏离目标程度×成长能力	-0.006 (-0.472)	-0.006 (-0.441)
偏离目标程度×第一大股东持股比例	-0.001 (-0.041)	-0.001 (-0.079)
偏离目标程度×高管薪酬	0.001 (0.095)	0.002 (0.125)
偏离目标程度×两职合一	0.054** (2.133)	0.055** (2.185)
偏离目标程度×GDP 增长率	-0.042*** (-3.734)	-0.041*** (-3.609)
偏离目标程度×高管年龄	-0.026** (-2.352)	-0.025** (-2.286)
偏离目标程度×市场化程度	0.004 (0.311)	0.004 (0.283)
常数项	-0.034*** (-3.832)	-0.033*** (-3.708)
年度固定效应	控制	控制

续表

变量	实际调整程度	
	指标 1	指标 2
行业固定效应	控制	控制
样本数	8457	8457
调整 R^2	0. 267	0. 277
F 值	37. 691	39. 225

注：括号内的数值为标准误差经公司层面 Cluster 处理后计算得到的 T 值；***、**分别表示在1%、5%的水平上显著。

由表 5. 12 可知，偏离目标程度×股权质押比例_Ind 与实际调整程度的回归系数为-0. 093（T 值为-1. 962），偏离目标程度×股权质押比例_Prov 与实际调整程度的回归系数为-0. 099（T 值为-2. 087）。采用工具变量法控制其他遗漏变量对回归结果的影响后，控股股东股权质押会阻碍上市公司实际资本结构趋向目标水平调整。与其他质押物不同，股权质押受股价波动影响较大。如果股价大幅下跌，控股股东质押的股权将被平仓，从而威胁其控制权。在这种情况下，迫于控股股东的压力，上市公司很可能会选择性披露利好信息，推迟披露甚至隐瞒负面消息，并且极有可能进行盈余管理等，导致公司信息质量下降，从而增加资本结构调整成本，阻碍资本结构趋向目标水平调整。

（五）替换目标资本结构衡量方法

Byoun（2008）对目标资本结构模型（3. 1）回归系数的估计，采用同时估计目标资本结构和调整速度的模型，这样模型中就直接包含了调整成本因素，更贴近实际。本章将模型（3. 1）代入标准部分调整模型（3. 3），得到模型（5. 4）：

$$\Delta Lev_{i,t}=\delta\gamma X_{i,t-1}-(1-\delta)Lev_{i,t-1}+\varepsilon_{i,t} \quad (5.4)$$

在估计方法上，Flannery 和 Hankins（2013）比较了 OLS 方法、固定效应模型、系统广义矩估计（SYS_GMM）和纠偏最小二乘虚拟变量法（LSDVC）等，发现 LSDVC 方法对模型（5. 4）的估计更为精确。因此，本章采用此方法，将得到的回归系数 γ 代入模型（3. 1）来估算目标资本结构，接着将目标资本结构代入标准部分调整模型（3. 3），获得基准的资本结构调整速度模型。在此基础上，加入控股股东股权质押比例和偏离目标程度交互项，重新考察控股股东股权质押如何影响资本结构动态调整，回归结果见表 5. 13。

表 5.13　替换目标资本结构衡量方法后的回归结果

变量	实际调整程度	
	指标 1	指标 2
偏离目标程度	0.461 *** (30.779)	0.459 *** (30.796)
偏离目标程度×股权质押比例	-0.044 *** (-3.597)	
股权质押比例	0.001 (0.781)	
偏离目标程度×股权质押比例_S		-0.039 *** (-3.015)
股权质押比例_S		0.002 *** (2.776)
偏离目标程度×公司规模	-0.003 (-0.195)	-0.002 (-0.131)
偏离目标程度×盈利能力	0.043 *** (3.322)	0.044 *** (3.453)
偏离目标程度×成长能力	-0.005 (-0.371)	-0.005 (-0.413)
偏离目标程度×第一大股东持股比例	-0.008 (-0.688)	0.021 * (1.647)
偏离目标程度×高管薪酬	0.003 (0.210)	0.003 (0.194)
偏离目标程度×两职合一	0.050 ** (1.968)	0.050 ** (1.972)
偏离目标程度×GDP 增长率	-0.044 *** (-3.927)	-0.044 *** (-3.897)
偏离目标程度×高管年龄	-0.029 *** (-2.589)	-0.028 ** (-2.482)
偏离目标程度×市场化程度	-0.000 (-0.015)	0.000 (0.020)
常数项	-0.006 (-0.731)	-0.005 (-0.615)
年度固定效应	控制	控制
行业固定效应	控制	控制
样本数	8457	8457

续表

变量	实际调整程度	
	指标 1	指标 2
调整 R^2	0.249	0.250
F 值	75.999	76.498

注：括号内的数值为标准误差经公司层面 Cluster 处理后计算得到的 T 值；***、**、* 分别表示在 1%、5%和 10%的水平上显著。

由表 5.13 可知，偏离目标程度×股权质押比例与实际调整程度的回归系数为-0.044（T 值为-3.597），偏离目标程度×股权质押比例_S 与实际调整程度的回归系数为-0.039（T 值为-3.015），均在 1%的水平上显著。替换目标资本结构衡量方法后，控股股东股权质押显著减缓了上市公司资本结构调整的速度。这是因为，控股股东股权质押会因股价下跌产生控制权转移风险，所以控股股东面临平仓风险时会对上市公司进行信息管理，披露好消息并隐藏坏消息，还进行应计盈余管理或者真实盈余管理。这些风险性行为会加剧上市公司和潜在资本供给者之间的信息不对称，使后者索要较高的风险溢价，最终引起上市公司融资成本的增加，减缓上市公司实际资本结构趋向目标水平调整的速度。

六、分样本进一步考察

（一）区分调整方向

为检验控股股东股权质押对资本结构向上或者向下调整速度的影响，将全样本分为向上调整组（目标资本结构大于实际值）和向下调整组（目标资本结构小于实际值），而后通过模型（5.1）进行回归，结果见表 5.14。

表 5.14　区分调整方向后的回归结果

变量	实际调整程度			
	未控制行业和年度		控制行业和年度	
	向上调整组	向下调整组	向上调整组	向下调整组
偏离目标程度	0.429*** (18.517)	0.500*** (17.053)	0.390*** (14.458)	0.543*** (17.032)
偏离目标程度×股权质押比例	-0.037** (-2.476)	-0.064*** (-3.379)	-0.039** (-2.373)	-0.044** (-2.288)

续表

变量	实际调整程度			
	未控制行业和年度		控制行业和年度	
	向上调整组	向下调整组	向上调整组	向下调整组
股权质押比例	0.000 (0.045)	−0.000 (−0.232)	0.001 (0.568)	−0.001 (−0.699)
偏离目标程度×公司规模			0.069*** (3.723)	−0.094*** (−4.059)
偏离目标程度×盈利能力			−0.099*** (−6.194)	0.211*** (11.334)
偏离目标程度×成长能力			0.030* (1.702)	−0.084*** (−4.065)
偏离目标程度×第一大股东持股比例			0.056*** (3.749)	−0.065*** (−3.329)
偏离目标程度×高管薪酬			0.017 (0.883)	0.008 (0.368)
偏离目标程度×两职合一			0.114*** (3.541)	−0.035 (−0.868)
偏离目标程度×GDP 增长率			−0.004 (−0.171)	−0.092*** (−3.889)
偏离目标程度×高管年龄			−0.054*** (−3.740)	−0.004 (−0.206)
偏离目标程度×市场化程度			0.011 (0.604)	−0.041* (−1.947)
常数项	0.013*** (7.585)	0.008*** (4.645)	−0.015 (−1.231)	0.014 (1.358)
年度固定效应	未控制	未控制	控制	控制
行业固定效应	未控制	未控制	控制	控制
样本数	4474	3983	4474	3983
调整 R^2	0.112	0.098	0.149	0.182
F 值	114.473	97.564	21.974	26.510

注：括号内的数值为标准误差经公司层面 Cluster 处理后计算得到的 T 值；***、**、* 分别表示在 1%、5%和 10%的水平上显著。

表 5.14 的前两列向上调整组和向下调整组数据中，偏离目标程度与实际调整程度的回归系数分别为 0.429（T 值为 18.517）和 0.500（T 值为

17.053)，说明向下调整速度快于向上调整速度，资本结构调整呈现出不对称性。这两组的偏离目标程度和股权质押比例交互项与实际调整程度的回归系数分别为-0.037（T 值为-2.476）和-0.064（T 值为-3.379），说明控股股东股权质押减慢了资本结构向上或向下调整的速度，加剧了资本结构调整的不对称性。表 5.14 的后两列向上调整组和向下调整组数据中，偏离目标程度和股权质押比例交互项与实际调整程度的回归系数分别为-0.039（T 值为-2.373）和-0.044（T 值为-2.288），说明在控制公司特征、公司治理和外部宏观环境等因素对资本结构调整的影响后，控股股东股权质押会显著减慢资本结构向上或向下调整的速度。

（二）区分产权性质

控股股东股权质押对资本结构动态调整的影响可能会因上市公司的产权性质不同而产生差异。一方面，国有企业在银行信贷方面具有天然的“政治优势”，政府对国有上市公司存在“父爱”效应，而非国有企业受“信贷歧视”影响（祝继高和陆正飞，2012），较难获得银行贷款。在股权质押期间，若上市公司股价触及预警线，国有控股股东更容易获取银行贷款追加担保或提前赎回质押的股权，以降低控制权转移风险。另一方面，为了防止国有资产流失，我国对国有股质押相关问题做了具体规定[①]。政府严密监管国有股权，即使国有控股股东质押的股权触及平仓线，也不会被强制平仓，质权人通常会和控股股东私下协商解决。

与国有公司控股股东股权质押相比，非国有公司控股股东股权质押的境遇有所不同——一旦股价触及平仓线，质权人有权强制平仓，他们将面临控制权转移的风险。因此，相对于国有公司控股股东，非国有公司控股股东股权质押后规避控制权转移风险的动机更强。控股股东为降低控制权转移风险，会在上市公司中作出各种利己行为，如进行盈余管理、税收规避、信息操纵等（王雄元 等，2018；李常青和幸伟，2017；谢德仁和廖珂，2018）。这些行为产生的经济后果将由全体股东承担，所以非国有公司控股股东股权质押会加剧控股股东和中小股东之间的代理冲突，提高公司信息不透明程度，对资本结构动态调整产生的负向影响也更为严重。

---

① 2001 年，财政部在《关于上市公司国有股质押有关问题的通知》中规定：国有股东授权代表单位以国有股进行质押，必须事先进行充分的可行性论证，明确资金用途，制订还款计划，并经董事会（不设董事会的由总经理办公会）审议决定；国有股东授权代表单位将其持有的国有股用于银行贷款和发行企业债权质押，还应当按照证券市场监管和国有股权管理的有关规定履行信息披露的义务；国有股东授权代表单位用于质押的国有股数量不得超过其所持该上市公司国有股总额的 50%。

为检验产权性质对控股股东股权质押与资本结构动态调整的影响，将全样本分为国有企业和非国有企业两个样本组，回归结果见表 5.15。

表 5.15　区分产权性质后的回归结果

变量	实际调整程度			
	未控制行业和年度		控制行业和年度	
	非国有企业组	国有企业组	非国有企业组	国有企业组
偏离目标程度	0.531*** (37.710)	0.332*** (10.745)	0.512*** (28.965)	0.347*** (8.334)
偏离目标程度×股权质押比例	-0.092*** (-7.510)	-0.003 (-0.086)	-0.079*** (-5.966)	-0.008 (-0.216)
股权质押比例	0.000 (0.526)	0.002 (0.741)	0.001 (0.805)	0.002 (0.668)
偏离目标程度×公司规模			0.034** (2.144)	-0.041 (-1.479)
偏离目标程度×盈利能力			0.021 (1.498)	0.090*** (2.891)
偏离目标程度×成长能力			0.005 (0.369)	-0.066 (-1.554)
偏离目标程度×第一大股东持股比例			0.003 (0.240)	-0.033 (-1.282)
偏离目标程度×高管薪酬			-0.016 (-0.940)	-0.002 (-0.072)
偏离目标程度×两职合一			0.029 (1.092)	0.008 (0.116)
偏离目标程度×GDP 增长率			-0.048*** (-3.306)	-0.003 (-0.150)
偏离目标程度×高管年龄			-0.017 (-1.435)	-0.009 (-0.360)
偏离目标程度×市场化程度			-0.001 (-0.070)	-0.039 (-1.375)
常数项	0.008*** (10.168)	0.006*** (3.025)	-0.004 (-0.433)	-0.024** (-2.204)
年度固定效应	未控制	未控制	控制	控制

续表

变量	实际调整程度			
	未控制行业和年度		控制行业和年度	
	非国有企业组	国有企业组	非国有企业组	国有企业组
行业固定效应	未控制	未控制	控制	控制
样本数	6801	1656	6801	1656
调整 R^2	0. 257	0. 161	0. 270	0. 188
F 值	475. 176	60. 189	71. 269	14. 690

注：括号内的数值为标准误差经公司层面 Cluster 处理后计算得到的 T 值；***、** 分别表示在 1%、5%的水平上显著。

表 5. 15 前两列，在非国有企业组数据中，偏离目标程度和股权质押比例交互项与实际调整程度的回归系数为-0. 092（T 值为-7. 510），在 1%的水平上显著，表明控股股东股权质押比例每增加 1 个标准差，公司资本结构调整速度将下降 17. 33%（0. 092/0. 531）。在国有企业组中，偏离目标程度和股权质押比例交互项与实际调整程度的回归系数为-0. 003（T 值为-0. 086），未通过显著性检验，表明国有控股股东股权质押并没有影响公司资本结构动态调整。表 5. 15 中后两列，在非国有企业组中，偏离目标程度和股权质押比例交互项与实际调整程度的回归系数为-0. 079（T 值为-5. 966），而在国有企业组中，偏离目标程度和股权质押比例交互项与实际调整程度的回归系数为-0. 008（T 值为-0. 216），表明控制公司特征、公司治理和外部宏观环境等因素对资本结构调整的影响后，控股股东股权质押减慢资本结构调整速度的现象仅存在于非国有企业中。非国有企业控股股东质押的股权一旦股价跌至平仓线，其控制权极有可能发生转移，所以他们更加倾向于操纵信息和进行盈余管理，从而使企业信息透明度降低，资本结构调整成本增加，最终减慢实际资本结构趋向目标水平调整的速度。国有公司控股股东股权质押面临控制权转移的风险极小，不会积极地采取防御控制权转移的行动，因而资本结构动态调整不受影响。

第六章 控股股东股权质押和高管股权激励合约交互作用对资本结构动态调整的影响

本书基于单一委托代理冲突的研究已经证实高管股权激励合约和控股股东股权质押均可对资本结构动态调整产生显著影响。实际上，公司经营管理实践中两类委托代理问题并存。在双重委托代理冲突的共同作用下，拥有控制权的委托人不满足于公司价值最大化，以获取控制权私有收益为导向进行决策，导致高管股权激励动机和效果受到影响，从而使资本结构动态调整的相关问题变得更为复杂。高管股权激励合约与控股股东股权质押分别反映了股东和高管之间的第Ⅰ类代理冲突问题以及控股股东和中小股东之间的第Ⅱ类代理冲突问题，若将研究置于双重委托代理框架下，两者很可能产生交互作用，进而对资本结构调整产生影响。

一、理论分析和研究假设

（一）控股股东股权质押和高管股权激励合约的交互作用

控股股东在面临资金约束或为第三方担保时，会将持有的上市公司股权进行质押获得贷款。股权质押不仅可以维持控股股东对上市公司的持股状态，使其依然享有投票权和表决权等股东权利，还可以将其账面“静态”的股权激活为可用的动态资本，变“存量资产”为“能量资产”（艾大力和王斌，2012）。但与其他质押物不同，股权受股价影响较大，若公司股价跌破平仓线，控股股东质押的股权将会被银行、信托、券商等金融机构强制平仓，从而产生控制权转移风险。李常青等（2017）、廖珂等（2018）和王雄元等（2018）研究发现，控股股东为抑制股权质押衍生的控制权转移风险，将干预上市公司信息披露、进行真实盈余管理和税收规避。李永伟和李若山（2007）、黄志忠和韩湘云（2014）、郑国坚等（2014）指出，股权质押后的控股股东会对上市公司进行资金占用等掏空行为，损害公司价值。控股股东股权质押后对上市公司实施的风险性行为均需要高管配合。

这些掏空行为和防御控制权转移的活动会导致上市公司违规概率剧增，控股股东股权质押比例较高的公司更容易违规（李瑞涛和酒莉莉，2018；张晨宇和武剑锋，2019）。股权质押更多地受益于控股股东本身，产生的经济后果却要其他股东共同承担，从而加剧了控股股东和中小股东之间的代理冲突（Huang and Xue，2016）。如果高管不配合控股股东行为或者不替其掩盖股权质押期间的道德风险活动，就会遭受中小股东的控诉甚至法律制裁。高管股权激励合约的设计、授予以及实施后的监督和评价等环节，也离不开控股股东。控股股东为协同高管利益，极有可能在股权激励效应实现的过程中不进行有效的监督和管理，这将削弱高管股权激励合约的有效性（周仁俊和高开娟，2012）。

为换取高管对其风险性行为的支持，股权激励合约很可能沦为控股股东股权质押后赋予高管的一种合法性赎买工具，因为股权激励不仅在制度上具有合法性，而且与其他激励方式相比，额度更大。合约设有等待期或者锁定期，高管若想实现股权激励薪酬，就必须达到期限时间，这使得两者的利益捆绑时间较长。杨慧辉等（2018）指出，控股股东为达到利益侵占的目的，会采用股权激励的方式对高管进行“赎买”。一旦股权质押的控股股东与高管由于股权激励合约形成利益共同体而侵占公司利益，那么将会降低公司未来业绩增长和可持续发展的可能，相应地，会提高银行等债权人发放贷款的风险，降低公司信息透明度。考虑到公司的这种风险性行为，银行等债权人会通过增加债务保护性条款、缩短贷款期限、索要更高的风险溢价等方式进行自我保护，从而增加公司债务资金成本。同样，投资者也会感知到这种股权激励合约的风险性，要求更高的风险溢价，从而增加公司的权益资本成本。因此，在控股股东股权质押和高管股权激励合约的共同影响下，公司资本结构调整成本会增加，从而减缓调整速度。

要控制股价下跌产生的控股股东股权质押风险，股权激励也被认为是一种有效的防御工具（宋岩和宋爽，2019）。股权激励合约的实施不仅可以起到提振股价的作用，且相较于并购重组、投资者关系管理、增发股份等市值管理方式，具有成本低、不确定因素少和易于操作等特点。控股股东股权质押比例越高，其控制权转移风险越大，上市公司越倾向于实施股权激励合约，但是基于该动机的高管股权激励合约的效果会大打折扣。高管考虑到股权质押会引起控股股东控制权发生转移，在新的控制权治理结构下，他们极有可能被强制更换，职业忧虑会加剧，以致高管和控股股东在对待控制权转移风险方面立场一致。对资本结构动态调整而言，高管将不再以最优资本结构为决策目标，而是以防御控制权转移风险为向导。他们会选择对提高股价有帮助的资本结构调整方式，且减少使用对股价作用较小的资本结构调整方式。这种选择性使用资本结构调整方式的行为，会扭曲公司资本结构决策，导致实际资本结构偏离最优水平，从而减缓资本结构调整的速度。

根据上述分析，提出如下假设：

假设 6-1：当其他条件不变时，控股股东股权质押和高管股权激励合约的交互作用会减缓公司资本结构调整的速度。

合理的公司治理机制既能促使管理者按照全体股东的利益行事，又能防止控股股东侵占中小股东利益，从而缓解股东和管理者之间的利益冲突以及控股股东和中小股东之间的利益冲突，降低双重代理成本。因此，合理的公司治理机制很可能会抑制控股股东股权质押和高管股权激励合约交互作用对资本结构调整速度的负向影响。公司治理机制主要包括大股东持股、股权制衡、经理激励、董事会等内部激励和约束机制，还包括产品市场竞争、法律保护、媒体关注和分析师跟踪等外部约束机制。现有研究表明，股权制衡和媒体监督可以同时缓解股东和管理者之间的代理冲突以及控股股东和中小股东之间的代理冲突，从而降低双重代理成本（陈志军 等，2016；罗进辉，2012）。本章从公司治理的角度，进一步分析公司内部股权制衡和外部媒体关注约束机制在控股股东股权质押和高管股权激励合约交互效应中的调节作用。

（二）内部股权制衡机制的调节作用

股权制衡是指公司股权由多个大股东共同持有，通过相互制约和监督，使任一大股东无法对公司形成完全控制。对控股股东起到监督和约束作用的其他大股东称为制衡股东①。制衡股东持股较多，一方面，有动机和能力监督经理人，从而缓解股东和管理者之间的代理冲突；另一方面，他们和控股股东之间相互牵制、相互监督，可以缓解控股股东和中小股东之间的代理冲突。制衡股东话语权提升，主动参与股东大会行使权力，会减少“搭便车”行为，从而对公司决策产生积极影响。李琳等（2009）认为，股权制衡能够监督并约束经理人行为，缓解公司业绩的波动性，使经营更加稳定。陈乾坤和卞曰瑭（2015）指出，当其他大股东与控股股东形成制衡之势时，二者能够相互牵制，对公司经营与经理人行为形成共同监督。可见，制衡股东主动性的发挥，能极大地降低股东和管理层之间的代理成本。股权制衡还可以改善股东层面的治理，减少利益攫取行为，有助于提高公司绩效。

多个大股东的存在能够对管理者行为形成有效监督，而大股东之间的相

① 制衡股东一般持有较多股份，且具有监督动机和能力。本章将公司中第二大股东至第十大股东定义为制衡股东。

互牵制可以限制控股股东获取控制权私有收益（Pagano et al.，1998）。Attig等（2008）指出，当公司存在多个大股东时，能够有效牵制控股股东、提高利益侵占成本，缓解公司与外部潜在资本供给者的信息不对称，从而降低权益融资成本。陈志军等（2016）认为，公司积极引入股权制衡机制有助于缓解双重代理冲突，降低非效率投资，促使公司增加研发投入。控股股东股权质押和高管股权激励合约的交互作用提高了公司与潜在资本供给者之间的信息不对称程度，导致公司实际资本结构趋向目标水平调整的速度减慢。多个大股东共存的股权制衡机制能够对高管形成有效的监督，还可以与控股股东形成相互牵制的局面，有利于缓解双重代理冲突，所以能够削弱控股股东股权质押和高管股权激励合约交互作用对资本结构调整速度的负向影响。

根据上述分析，提出如下假设：

假设6-2：在其他条件不变时，股权制衡机制会削弱控股股东股权质押和高管股权激励合约交互作用对资本结构动态调整的负向影响。

（三）外部媒体关注的调节作用

新闻媒体对上市公司的报道，有利于降低中小股东与管理层或控股股东之间的信息不对称程度，缓解双重代理冲突。由于企业外部投资者不可能完全观察到管理层或控股股东的经营行为和努力程度，使管理层和控股股东有机会获取控制权私有收益。信息不对称会导致代理冲突的产生。鉴于成本—收益的原则和“搭便车”问题，绝大多数中小股东自身不具有搜集上市公司管理层或控股股东经营行为和经营活动信息的内在激励，但新闻媒体为其提供了一条免费获取上市公司经营情况和投资价值的信息渠道（Bushee et al.，2010）。投资者注意力非常有限，新闻媒体对上市公司的高强度报道和头条报道更容易吸引他们的注意。因此，媒体报道作为重要的外部治理力量，是上市公司和外部投资者之间重要的信息媒介，在提高资本市场配置效率、信息透明度以及缓解代理冲突等方面具有重要作用（于忠泊 等，2011）。

媒体具有信息传播效应，能引导市场中的舆论导向，影响公司股票在二级市场上的表现。Fang等（2009）发现，大量的媒体报道会降低公司和投资者之间的信息不对称，使公司股票定价更加精准，未被媒体报道的股票具有较低的信息透明度和更高的信息不对称风险，致使投资者要求更高的风险溢价。根据风险和收益相匹配的原则，投资者面临的风险越高，其要求的资本成本也越高。媒体监督有助于缓解控股股东股权质押和高管股权激励合约共同影响下公司信息不透明的问题，可以抑制控股股东和高管的短视行为，减弱公司与潜在资本供给者之间的信息不对称，从而降低公司资本结构的调整成本。

媒体关注还具有揭露功能。媒体信息的披露和传播可以增加公司内部治理问题的曝光程度，引起监管部门的注意，从而增大问题被发现的概率，起到外部监督的作用（Dyck et al.，2008）。罗进辉（2012）发现，媒体报道有利于事前有效约束大股东和高管的各种机会主义行为，从而降低股东和高管以及大股东和中小股东的双重代理成本。媒体的传播效应和揭露功能会对控股股东的掏空行为以及上市公司的信息操纵、盈余管理等活动起到威慑作用，有利于抑制控股股东和高管的机会主义行为。因此，较多的媒体关注很可能会削弱控股股东股权质押和高管股权激励合约交互作用对资本结构调整速度的负向影响。

根据上述分析，提出如下假设：

假设 6-3：在其他条件不变时，媒体关注外部约束机制会弱化控股股东股权质押和高管股权激励合约交互作用对资本结构动态调整的负向影响。

二、研究设计

（一）数据来源与样本选择

本章以中国 2006—2017 年沪深 A 股上市公司数据为样本，通过如下次序进行样本筛选：剔除金融类公司（金融行业的商业模式有别于其他行业，财务报表结构和主要会计项目也异于一般行业，故将其剔除）；剔除 ST 和 * ST 公司（这些公司需进行特别处理或面临退市预警，其财务数据不能反映中国上市公司普遍的财务状况）；剔除变量数据缺失的样本；估计资本结构调整速度需要连续两年的上市公司数据，故剔除只有一年数据的样本；在上市公司股权质押数据中，剔除了股权质押冻结样本。经与控股股东名称进行匹配，共获得 8457 个观测值。本章数据均来源于 CSMAR 数据库，为减小异常值影响，对所有连续变量进行 1% 和 99% 的缩尾处理。

（二）变量定义

1. 被解释变量

被解释变量为资本结构调整速度。本章采用标准部分调整模型（3.3）进行估算，该模型涉及两个变量：一是偏离目标程度（$Dev_{i,t}$，指 i 上市公司 t 年的目标资本结构与 t-1 年资本结构的差值），用于测度资本结构年度间偏离目标程度；二是实际调整程度（$\Delta Lev_{i,t}$，指 i 上市公司 t 年与 $t-1$ 年资本结构的差值），用于衡量资本结构年度间的实际调整幅度。本章采用双向固定效应模型，将资本结构与公司规模、盈利能力、成长能力、有形资产比例、资本结构中位数、非债务税盾、第一大股东持股比例、高管薪酬、两职合一、高管年龄、市场化程度和 GDP 增长率等变量进行回归，近似地拟合出公司的最优资本结构（目标资本结构）。

2. 解释变量

解释变量为控股股东股权质押（$Pled_{i,t}$）和高管股权激励合约（$Inc_{i,t}$）。控股股东股权质押采用两个指标衡量：第一个指标为股权质押比例（控股股东股权质押数量除以控股股东持有上市公司股权数量），用于衡量控股股东股权质押程度。第二个指标为股权质押比例_H。由于控股股东股权质押比例的变动很可能具有行业相关性，本章设计了控股股东股权质押虚拟变量，若股权质押比例大于等于年度和行业中位数，记为 1，否则记为 0。该变量在一定程度上剔除了行业股权质押比例变化对调整速度的影响。高管股权激励合约指标体现上市公司是否对高管设置了股权激励合约，若设置了，则赋值为 1，否则为 0。

3. 调节变量

股权制衡和媒体关注。本章采用郑国坚等（2014）的做法，以“第二大股东至第十大股东持股比例之和/第一大股东持股比例”作为股权制衡的代理变量，该值越大，表明第二大股东至第十大股东对第一大股东的制衡作用越大。

对媒体关注的测度，现有文献中主要有两种方法：一种是使用少数财经报刊中标题提及上市公司名字的次数衡量。这种方法的优点是能够从电子报刊数据库中导出相关报道文件并进行分析，以辨识新闻报道的倾向（乐观的、中性的或悲观的），缺点是这些报刊的公众覆盖率非常有限，特别是在当今网络普及的信息化时代下，这些报刊已不是公众了解社会生活动态的主要渠道。此外，这种方法不能衡量新闻信息被传播的次数，而这正是媒体报道发挥舆论压力和公共监督作用的关键。另一种是使用互联网中的新闻搜索引擎，检索上市公司名字在新闻标题中出现的条目数。这种方法涉及的新闻覆盖面广，可以弥补第一种方法的不足，能够较好地反映新闻媒体的传播效应。本章选用第二种方法测度媒体关注，利用百度新闻搜索引擎，检索上市公司名字在新闻标题中出现的次数。

本章所有变量的说明见表 6.1。

表 6.1　变量说明

变量类型	变量名称	变量计算
被解释变量	资本结构调整速度	采用标准部分调整模型（3.3）进行估算，涉及资本结构实际调整程度和偏离目标程度两个变量
解释变量	股权质押比例	控股股东股权质押数量/控股股东持有上市公司股权数量
	股权质押比例_H	控股股东股权质押比例大于年度行业中位数为 1，否则为 0
	股权激励合约	若公司对高管实施了股权激励合约，则赋值为 1，否则为 0
调节变量	股权制衡	第二大股东至第十大股东持股比例之和/第一大股东持股比例
	媒体关注	利用百度新闻搜索引擎，检索上市公司名字在新闻标题中出现的次数
拟合目标资本结构所涉及的变量	资本结构	总负债/总资产
	有形资产比例	固定资产净额/总资产
	盈利能力	息税前利润/总资产
	公司规模	总资产的自然对数
	非债务税盾	累计折旧/总资产
	成长能力	[（非流通股数/总股本）×净资产+流通股×股价+负债]/总资产
	资本结构中位数	资产负债率的行业年度中位数
	第一大股东持股比例	第一大股东持股数量/总股本
	高管薪酬	高管前三名薪酬总额的自然对数
	两职合一	总经理兼任董事长为 1，否则为 0
	高管年龄	每家公司高管成员的平均年龄
	市场化程度	市场化指数①
	GDP 增长率	国内生产总值指数②

注：①市场化程度用樊纲、王小鲁和朱恒鹏编制的《中国市场化指数——各地区市场化相对进程 2011 年报告》中的市场化指数间接衡量。由于该指数更新至 2009 年，故 2010—2017 年各省份的市场化指数数据用前五年的平均增长率计算获得。②国内生产总值指数来自国家统计局网站。

（三）模型构建

正如 Faulkender 等（2012）所言，以标准部分调整模型（3.3）为基准模型具有一个明显的优势，那就是它便于扩展，通过添加指定变量和偏离目标程度交互项的方式就可以检验该变量对资本结构调整速度的影响。为检验控股股东股权质押和高管股权激励合约交互作用对资本结构动态调整的影响，本章参考 Faulkender 等（2012）和 Jiang 等（2017）的研究，在标准部分调整模型（3.3）的基础上，加入控股股东股权质押和偏离目标程度交互项（$Pled_{i,t}\times Dev_{i,t}$）、高管股权激励合约和偏离目标程度的交互项（$Inc_{i,t}\times Dev_{i,t}$）以及控股股东股权质押、高管股权激励合约和偏离目标程度的交互项（$Pled_{i,t}\times$

$Inc_{i,t} \times Dev_{i,t}$)，构建模型（6.1）：

$$\Delta Lev_{i,t} = \kappa_0 Dev_{i,t} + \kappa_1 (Pled_{i,t} \times Dev_{i,t}) + \kappa_2 (Inc_{i,t} \times Dev_{i,t}) + \kappa_3 (Inc_{i,t} \times Pled_{i,t} \times Dev_{i,t}) + \kappa_4 Pled_{i,t} + \kappa_5 Inc_{i,t} + \kappa_6 (Pled_{i,t} \times Inc_{i,t}) + \varepsilon_{i,t} \tag{6.1}$$

其中，κ_3 为控股股东股权质押、高管股权激励合约和偏离目标程度交互项的回归系数。若 $\kappa_3<0$，表明控股股东股权质押和高管股权激励合约的交互作用将减慢公司实际资本结构趋向目标水平调整的速度；若 $\kappa_3>0$，表明控股股东股权质押和高管股权激励合约的交互作用将加快资本结构趋向目标水平调整的速度。

三、实证结果

（一）描述性统计

本章变量的描述性统计见表 6.2。

表 6.2　变量的描述性统计

变量	样本数	均值	标准差	最小值	P_{25}	中位数	P_{75}	最大值
实际调整程度	8457	0.012	0.087	−0.254	−0.030	0.011	0.056	0.271
偏离目标程度	8457	0.008	0.090	−0.226	−0.048	0.006	0.059	0.267
股权质押比例	8457	0.601	0.307	0.026	0.350	0.589	0.916	1.000
股权质押比例_H	8457	0.505	0.500	0.000	0.000	1.000	1.000	1.000
股权激励合约	8457	0.190	0.393	0.000	0.000	0.000	0.000	1.000
目标资本结构	8457	0.446	0.180	0.082	0.307	0.444	0.582	0.839
资本结构	8457	0.450	0.203	0.059	0.290	0.448	0.605	0.899
公司规模	8457	21.953	1.100	19.663	21.168	21.850	22.623	25.121
盈利能力	8457	0.051	0.055	−0.181	0.028	0.049	0.077	0.210
有形资产比例	8457	0.211	0.153	0.002	0.088	0.184	0.310	0.643
成长能力	8457	2.141	1.550	0.660	1.205	1.662	2.463	10.167
非债务税盾	8457	0.019	0.014	0.000	0.008	0.016	0.026	0.065
资本结构中位数	8457	0.421	0.117	0.214	0.336	0.398	0.487	0.701
第一大股东持股比例	8457	0.330	0.137	0.088	0.223	0.313	0.424	0.712
高管薪酬	8457	14.089	0.761	12.101	13.614	14.089	14.566	16.098
两职合一	8457	0.291	0.454	0.000	0.000	0.000	1.000	1.000
GDP 增长率	8457	7.857	1.720	6.700	6.800	6.900	7.900	14.200
高管年龄	8457	47.993	2.962	40.952	46.000	48.000	50.063	54.875
市场化程度	8457	10.212	2.893	4.750	8.357	10.220	11.452	17.836

由表 6.2 可知，实际调整程度均值和中位数分别为 0.012 和 0.011，而偏离目标程度的均值和中位数分别为 0.008 和 0.006，表明控股股东股权质押公司的资本结构实际调整幅度大于偏离目标幅度。如果实际调整程度大于 0，说明公司通过增加借款或者现金分红等方式，对上一年资本结构进行了调整。如果实际调整程度小于 0，则说明公司通过发行股票或者偿还债务等方式，对上一年的资本结构进行了调整。股权质押比例均值为 0.601，最大值为 1.000，说明控股股东将其半数以上的股权进行了质押融资，更有甚者将其 100%的股权抵押给银行、券商或信托等金融机构。一旦股价下跌至平仓线，控股股东会面临非常高的控制权转移风险。股权质押比例_H 均值为 0.505，说明半数以上的公司控股股东股权质押比例偏高。股权激励合约均值为 0.190，说明控股股东股权质押公司中有 19%的样本对高管实施了股权激励。

相关变量经过缩尾处理后，均在合理范围内。资本结构和目标资本结构的均值和标准差分别为 0.450 和 0.446、0.203 和 0.180，说明本章拟合的目标资本结构能够覆盖资本结构实际值，较为合理。第一大股东持股比例均值和最大值分别为 0.330 和 0.712，说明中国上市公司依然存在“一股独大”的现象。两职合一样本均值为 0.291，说明 29.1%样本公司的总经理兼任董事长。高管年龄均值、最小值和最大值分别为 47.993、40.952 和 54.875，说明不同公司间高管的平均年龄相差较大。市场化程度均值、最小值和最大值分别为 10.212、4.750 和 17.836，说明中国各省份之间的市场环境差异较大，可能会影响上市公司对融资方式的选择。有形资产比例均值和最大值分别为 0.211 和 0.643，表明若上市企业可抵押的资产较多，则有利于获得更多的担保资金。

（二）相关性分析

本章对主要变量进行了 Pearson 相关性检验，以公司规模、盈利能力、成长能力、第一大股东持股比例、高管薪酬、两职合一、高管年龄、GDP 增长率和市场化程度作为控制变量，在稳健性检验中加入了回归模型，故检验了它们之间的相关性以及它们与资本结构实际调整程度、偏离目标程度、股权激励合约和股权质押比例之间的相关性。在检验股权制衡与媒体关注调节作用时，分样本进行考察，并未将股权制衡和媒体关注加入模型，所以未将这两个变量与其他变量进行相关性检验。主要变量间的相关系数见表 6.3。

表 6.3　主要变量间的相关性分析

变量	实际调整程度	偏离目标程度	股权质押比例	股权激励合约	公司规模	盈利能力	成长能力	第一大股东持股比例	高管薪酬	两职合一	GDP 增长率	高管年龄	市场化程度
实际调整程度	1.000												
偏离目标程度	0.484***	1.000											
股权质押比例	-0.006**	-0.017**	1.000										
股权激励合约	0.043***	0.031***	-0.006	1.000									
公司规模	-0.024**	-0.060***	-0.034***	0.117***	1.000								
盈利能力	-0.174***	-0.018*	-0.149***	0.127***	0.092***	1.000							
成长能力	-0.011	-0.C08	0.027**	0.017	-0.404***	0.030***	1.000						
第一大股东持股比例	0.044***	-0.001	-0.195***	-0.059***	0.117***	0.101***	-0.128***	1.000					
高管薪酬	-0.012	0.C06	-0.076***	0.233***	0.448***	0.231***	-0.024**	-0.036***	1.000				
两职合一	0.059***	0.048***	-0.020*	0.061***	-0.115	0.012	0.073***	-0.011	0.072***	1.000			
GDP 增长率	-0.002	0.029***	0.043***	-0.200***	-0.170***	-0.01	0.135***	0.077***	-0.390***	-0.150***	1.000		
高管年龄	-0.069***	-0.042***	-0.108***	-0.043***	0.221***	0.027**	-0.027**	-0.014	0.170***	-0.110***	-0.193***	1.000	
市场化程度	0.011	0.004	-0.056***	0.104***	-0.01	0.071***	0.024	-0.005	0.192***	0.115***	-0.276***	-0.002	1.000

注：***、**、* 分别表示在 1%、5%和 10%的水平上显著。

由表6.3可知，偏离目标程度与实际调整程度存在正相关关系，说明当实际资本结构偏离目标水平时，公司可通过多种方式将其趋向目标水平调整。股权质押比例与实际调整程度存在负相关关系，说明控股股东股权质押比例越高，公司对资本结构实际调整得越少，很可能不利于实际资本结构趋向目标水平调整。股权激励合约与实际调整程度显著正相关（相关系数为0.043，且在1%的水平上显著），说明上市公司通过对高管实施股权激励加快了资本结构调整的速度，有利于实际资本结构趋向目标水平调整。高管年龄与实际调整程度显著负相关，说明年龄较大的高管对资本结构进行调整的惰性较强，不利于实际资本结构趋向目标水平调整。第一大股东持股比例与实际调整程度显著正相关，说明第一大股东持股比例越高，对上市公司的影响越大，越能促使公司对资本结构进行调整。两职合一与实际调整程度显著正相关，说明上市公司总经理兼任董事长更有利于调整资本结构。公司规模和盈利能力与实际调整程度的相关系数均显著为负，说明公司规模越大，资本结构实际调整的幅度越小，公司的盈利能力越强，可以利用内部盈余进行新项目开发，故较少使用外部债务融资和权益融资。公司的成长能力、市场化程度、GDP增长率和高管薪酬与资本结构实际调整程度并不存在显著相关关系。

（三）回归结果分析

（1）控股股东股权质押和高管股权激励合约交互作用对资本结构动态调整影响的回归结果。本章运用模型（6.1）检验控股股东股权质押和高管股权激励合约交互作用对资本结构动态调整的影响。为了便于对回归结果进行经济解释，对股权质押比例进行标准化处理，回归结果见表6.4。由于本章采用的是非平衡面板数据，同一公司不同时期之间的扰动项很可能存在自相关，不同公司之间很可能存在异方差，会影响回归系数的显著性水平，因而对标准误差进行了公司层面的Cluster处理，以降低自相关和异方差对估计结果的影响。此外，若模型的解释变量之间存在高度相关关系，则会引起严重的多重共线性问题，导致回归结果失真，故采用方差膨胀因子检验解释变量之间的多重共线性。

表6.4 控股股东股权质押、股权激励合约与资本结构动态调整的回归结果

变量	实际调整程度	
	指标1	指标2
偏离目标程度	0.452*** (32.991)	0.466*** (23.694)
偏离目标程度×股权质押比例	-0.033*** (-2.604)	

续表

变量	实际调整程度	
	指标 1	指标 2
偏离目标程度×股权质押比例×股权激励合约	-0.103*** (-3.644)	
偏离目标程度×股权激励合约	0.150*** (5.079)	0.240*** (5.280)
股权激励合约×股权质押比例	0.002 (0.806)	
股权质押比例	0.000 (0.524)	
股权激励合约	0.004** (2.046)	0.002 (0.694)
偏离目标程度×股权质押比例_H		-0.037 (-1.398)
偏离目标程度×股权质押比例_H×股权激励合约		-0.169*** (-2.844)
股权激励合约×股权质押比例_H		0.004 (0.906)
股权质押比例_H		0.001 (0.633)
常数项	0.007*** (8.700)	0.007*** (5.631)
样本数	8457	8457
调整 R^2	0.241	0.239
F 值	242.571	222.210
方差膨胀因子最大值	1.26	2.98

注：括号内的数值为标准误差经公司层面 Cluster 处理后计算得到的 T 值；***、**分别表示在1%、5%的水平上显著。

由表6.4可知，解释变量的方差膨胀因子最大值为2.98，表明变量之间并不存在多重共线性问题。偏离目标程度×股权质押比例×股权激励合约与实际调整程度的回归系数为-0.103（T值为-3.644），偏离目标程度×股权质押比例_H×股权激励合约与实际调整程度的回归系数为-0.169（T值为-2.844），均在1%的水平上显著，说明控股股东股权质押和高管股权激励合约的交互作用显著减慢了资本结构趋向目标水平调整的速度，验证了假设6-1。

由于股价下跌，控股股东质押的股权很可能面临被平仓的风险，从而导致其丧失对上市公司的控制权。在这种压力下，控股股东会通过多种市值管理方式来降低风险，但对上市公司采取的行为需要高管的配合。股权激励合约协同了控股股东和高管的利益，使高管能够为控股股东防御控制权转移风险的活动提供帮助，又能提振上市公司股价。因此，在控股股东股权质押背景下，上市公司对高管实施的股权激励合约效果会受到影响。股权质押会使控股股东控制权发生转移，在新的控制权治理结构下，高管极有可能被强制更换，这加剧了他们的职业忧虑，以致高管和控股股东在对待控制权转移风险方面立场一致。对于资本结构调整，高管将不再以最优资本结构为决策目标，而为如何防御股权质押产生的控制权转移风险或为控股股东的掏空行为进行掩护。该行为将扭曲资本结构决策并提高公司信息不透明的程度，使银行等金融机构的信贷风险加大，进而增加资本结构调整成本，最终减慢上市公司资本结构调整的速度。

（2）考察公司内部股权制衡机制在控股股东股权质押和高管股权激励合约交互效应中调节作用的回归结果。为检验股权制衡机制的影响，本章引入调节变量股权制衡。当该指标大于等于年度行业中位数时，记为股权制衡较强组，否则记为股权制衡较弱组，而后分组对控股股东股权质押和高管股权激励合约交互作用对资本结构动态调整的影响进行回归，回归结果见表6.5。

表6.5　检验股权制衡机制影响后的回归结果

变量	实际调整程度			
	股权制衡较强组		股权制衡较弱组	
	指标1	指标2	指标1	指标2
偏离目标程度	0.502*** (25.347)	0.539*** (17.719)	0.405*** (21.839)	0.406*** (15.991)
偏离目标程度×股权质押比例	-0.059*** (-3.052)		-0.017 (-0.982)	
偏离目标程度×股权质押比例×股权激励合约	-0.101** (-2.505)		-0.085* (-1.929)	
偏离目标程度×股权激励合约	0.123*** (2.927)	0.189*** (2.746)	0.171*** (4.024)	0.266*** (4.619)
股权激励合约×股权质押比例	0.004 (1.116)		-0.001 (-0.405)	

续表

变量	实际调整程度			
	股权制衡较强组		股权制衡较弱组	
	指标 1	指标 2	指标 1	指标 2
股权质押比例	0.001 (1.012)		0.000 (0.365)	
股权激励合约	0.005 (1.633)	0.001 (0.161)	0.004 (1.524)	0.005 (1.350)
偏离目标程度× 股权质押比例_H		-0.088** (-2.326)		-0.006 (-0.164)
偏离目标程度×股权质押 比例_H×股权激励合约		-0.132* (-1.778)		-0.173* (-1.907)
股权激励合约× 股权质押比例_H		0.007 (1.118)		-0.002 (-0.309)
股权质押比例_H		0.003 (0.981)		0.002 (0.596)
常数项	0.003** (2.519)	0.002 (1.073)	0.011*** (8.452)	0.010*** (6.283)
样本数	4369	4369	4088	4088
调整 R^2	0.263	0.260	0.218	0.217
F 值	146.921	134.122	104.366	102.027

注：括号内的数值为标准误差经公司层面 Cluster 处理后计算得到的 *T* 值；***、**、* 分别表示在 1%、5%和 10%的水平上显著。

由表 6.5 可知，在股权制衡较强组，偏离目标程度×股权质押比例×股权激励合约与实际调整程度的回归系数为-0.101（*T* 值为-2.505），在 5%的水平上显著，偏离目标程度×股权质押比例_H×股权激励合约与实际调整程度的回归系数为-0.132（*T* 值为-1.778），在 10%的水平上显著。在股权制衡较弱组，偏离目标程度×股权质押比例×股权激励合约与实际调整程度的回归系数为-0.085（*T* 值为-1.929），在 10%的水平上显著，偏离目标程度×股权质押比例_H×股权激励合约与实际调整程度的回归系数为-0.173（*T* 值为-1.907），在 10%的水平上显著。不管在股权制衡较强组还是股权制衡较弱组，控股股东股权质押和高管股权激励合约的交互作用均会导致公司实际资本结构较慢地趋向目标水平调整。

本章进一步通过回归系数组间差异检验发现，两组间偏离目标程度×股权质押比例×股权激励合约回归系数差异的 Chi^2 值为 0.08，显著性水平为 0.7819，且两组间偏离目标程度×股权质押比例_H×股权激励合约交互项回归系数差异的 Chi^2 值为 0.12，显著性水平为 0.7327，说明公司内部的股权制衡机制在控股股东股权质押和高管股权激励合约交互效应中并没有产生调节作用，不能抑制控股股东股权质押和高管股权激励合约交互作用对资本结构调整速度的负向影响，假设 6-2 未得到验证。

在中国现有的制度背景下，用被西方国家推崇的“股权制衡”机制去解决控股股东股权质押公司面临的双重代理问题是行不通的。可能的原因是，制衡股东同样将持有的上市公司股权进行了质押①，若股价下跌至平仓线，他们也可能面临失去其股权的风险。因此，制衡股东不会对控股股东协同高管防御控制权转移风险的行为进行监督，也不会间接影响资本结构动态调整。还有一种可能的原因是，制衡股东之间存在“搭便车”的行为，在影响高管和控股股东行为方面的作用较弱，因而不能抑制控股股东股权质押和高管股权激励合约对资本结构动态调整的负向影响。

（3）外部媒体关注在控股股东股权质押和高管股权激励合约交互效应中调节作用的回归结果。为检验媒体关注的影响，本章引用调节变量媒体关注，并按照行业和年度中位数进行分组，即将该指标值大于等于中位数的样本，记为媒体关注较多组，否则为媒体关注较少组，而后分组检验控股股东股权质押和高管股权激励合约交互作用对资本结构调整速度的影响，回归结果见表 6.6。

表 6.6　考察媒体关注影响后的回归结果

变量	实际调整程度			
	媒体关注较多组		媒体关注较少组	
	指标 1	指标 2	指标 1	指标 2
偏离目标程度	0.480*** (25.457)	0.499*** (18.329)	0.420*** (21.926)	0.428*** (15.211)
偏离目标程度×股权质押比例	−0.039** (−2.111)		−0.026 (−1.471)	
偏离目标程度×股权质押比例×股权激励合约	−0.067 (−1.118)		−0.151*** (−3.491)	

① 本章所涉及的控股股东股权质押样本总数为 8457 个，其中存在制衡股东（第二至第十大股东）股权质押的样本数为 4583 个，占总样本的 54.19%。

续表

变量	实际调整程度			
	媒体关注较多组		媒体关注较少组	
	指标 1	指标 2	指标 1	指标 2
偏离目标程度×股权激励合约	0.126*** (3.190)	0.177*** (3.023)	0.173*** (4.104)	0.322*** (5.116)
股权激励合约×股权质押比例	-0.003 (-0.861)		0.007** (2.027)	
股权质押比例	0.003** (2.396)		-0.003** (-2.192)	
股权激励合约	0.005* (1.794)	0.007* (1.938)	0.002 (0.671)	-0.006 (-1.493)
偏离目标程度×股权质押比例_H		-0.047 (-1.285)		-0.023 (-0.615)
偏离目标程度×股权质押比例_H×股权激励合约		-0.092 (-1.180)		-0.289*** (-3.303)
股权激励合约×股权质押比例_H		-0.005 (-0.911)		0.015** (2.288)
股权质押比例_H		0.006** (2.366)		-0.005* (-1.807)
常数项	0.010*** (7.580)	0.007*** (3.814)	0.004*** (3.388)	0.006*** (3.848)
样本数	4553	4553	3904	3904
调整 R^2	0.251	0.249	0.231	0.229
F 值	138.685	129.181	114.460	106.861

注：括号内的数值为标准误差经公司层面 Cluster 处理后计算得到的 T 值；***、**、* 分别表示在 1%、5%和 10%的水平上显著。

由表 6.6 可知，在媒体关注较少组，偏离目标程度×股权质押比例×股权激励合约与实际调整程度的回归系数为-0.151（T 值为-3.491），偏离目标程度×股权质押比例_H×股权激励合约与实际调整程度的回归系数为-0.289（T 值为-3.303）。在媒体关注较多组，偏离目标程度×股权质押比例×股权激励合约与实际调整程度的回归系数为-0.067（T 值为-1.118），偏离目标程度×股权质押比例_H×股权激励合约与实际调整程度的回归系数为-0.092（T 值为-1.180）。可见，在媒体关注较少组，控股股东股权质押和高管股权激励合约交互作用对资本结构动态调整的负向影响显著；而在媒体关注较多组，控股股东股权质押和高管股权激励合约交互作用对资本结构动态调整的负向影响不显著。因此，较多的媒体监督能够约束控股股东和高管的机会主义动机，降低公司和投资者以及债权人之间的信息不对称程度，弱化双重代理冲突。媒体关注通过信息传播效应和揭露功能抑制了控股股东股权质押和高管股权激励合约交互作用对公司资本结构动态调整的负向影响，假设 6-3 得到验证。

四、稳健性检验

（一）控制其他变量的影响

根据第二章文献综述中的内容可知，公司治理、公司特征、管理者特征和外部宏观环境等因素均会影响资本结构调整速度。为降低其他遗漏变量对回归结果的影响，控制这些因素重新检验控股股东股权质押和高管股权激励合约交互作用对资本结构调整速度的影响，还重新检验了公司内部股权制衡机制和外部媒体关注的调节作用。本章用高管薪酬、两职合一和第一大股东持股比例三个变量衡量公司治理状况；用盈利能力、成长能力和公司规模等变量衡量公司特征；用市场化程度、GDP 增长率两个变量衡量外部宏观环境；用高管年龄变量反映管理者特征；还在模型中控制了年度和行业因素对资本结构调整的影响。

为了便于对回归结果进行解释，对上述连续变量进行标准化处理，并用所有变量分别乘以偏离目标程度，通过交互项的形式加到模型（6.1）中，以控制这些因素对资本结构调整速度的影响，但并没有在模型（6.1）中加入这些变量的一次项。原因在第四章稳健性检验部分已交代。若要考察这些因素对资本结构趋向目标水平调整速度的影响，只能将这些变量的交互项加入模型，进行实证检验。此外，对模型中的标准误差进行了公司层面的 Cluster 处理，并汇报了解释变量的方差膨胀因子，以检验多重共线性问题，回归结果见表 6.7 至表 6.9。

表 6.7　控制其他变量影响后的回归结果

变量	实际调整程度	
	指标 1	指标 2
偏离目标程度	0.443*** (27.127)	0.455*** (19.847)
偏离目标程度×股权质押比例	-0.027** (-1.982)	

续表

变量	实际调整程度	
	指标 1	指标 2
偏离目标程度×股权质押比例×股权激励合约	-0.099*** (-3.446)	
偏离目标程度×股权激励合约	0.107*** (3.428)	0.189*** (4.059)
股权激励合约×股权质押比例	0.002 (0.703)	
偏离目标程度×股权质押比例_H		-0.032 (-1.144)
偏离目标程度×股权质押比例_H×股权激励合约		-0.157*** (-2.630)
股权激励合约×股权质押比例_H		0.004 (0.942)
股权质押比例_H		0.001 (0.510)
股权质押比例	0.000 (0.514)	
股权激励合约	0.004* (1.770)	0.002 (0.581)
偏离目标程度×公司规模	0.000 (0.009)	-0.000 (-0.028)
偏离目标程度×盈利能力	0.040*** (3.096)	0.041*** (3.207)
偏离目标程度×成长能力	-0.004 (-0.317)	-0.004 (-0.284)
偏离目标程度×第一大股东持股比例	-0.005 (-0.443)	-0.001 (-0.122)
偏离目标程度×高管薪酬	-0.002 (-0.121)	-0.002 (-0.167)
偏离目标程度×两职合一	0.049* (1.941)	0.052** (2.076)
偏离目标程度×GDP 增长率	-0.040*** (-3.462)	-0.040*** (-3.470)
偏离目标程度×高管年龄	-0.023** (-2.067)	-0.020* (-1.819)

续表

变量	实际调整程度	
	指标 1	指标 2
偏离目标程度×市场化程度	0.000 (0.021)	0.002 (0.172)
常数项	-0.007 (-0.847)	-0.008 (-0.890)
年度固定效应	控制	控制
行业固定效应	控制	控制
样本数	8457	8457
调整 R^2	0.252	0.251
F 值	74.152	69.718
方差膨胀因子最大值	1.82	3.49

注：括号内的数值为标准误差经公司层面 Cluster 处理后计算得到的 T 值；***、**、* 分别表示在 1%、5%和 10%的水平上显著。

由表 6.7 可知，方差膨胀因子的最大值为 3.49，说明加入公司治理、公司特征、外部宏观环境以及行业和年度虚拟变量后，模型中的变量并不存在多重共线性问题。偏离目标程度×股权质押比例×股权激励合约与实际调整程度的回归系数为-0.099（T 值为-3.446），偏离目标程度×股权质押比例_H×股权激励合约与实际调整程度的回归系数为-0.157（T 值为-2.630），两者均在 1%的水平上显著。上述结果说明，在控股股东股权质押和高管股权激励合约的共同影响下，上市公司实际资本结构以较慢的速度趋向目标水平调整。为防御控制权转移风险，控股股东和高管会进行信息操纵和盈余管理，从而提高上市公司信息不透明的程度，导致资本结构调整成本增加，减缓资本结构调整速度。

表 6.8 检验股权制衡机制的调节作用

变量	实际调整程度			
	股权制衡较强组		股权制衡较弱组	
	指标 1	指标 2	指标 1	指标 2
偏离目标程度	0.507*** (19.295)	0.541*** (15.191)	0.380*** (15.720)	0.378*** (11.828)
偏离目标程度×股权质押比例	-0.047** (-2.332)		-0.008 (-0.427)	

续表

变量	实际调整程度			
	股权制衡较强组		股权制衡较弱组	
	指标 1	指标 2	指标 1	指标 2
偏离目标程度×股权质押比例×股权激励合约	-0.106*** (-2.586)		-0.075* (-1.666)	
偏离目标程度×股权激励合约	0.083* (1.882)	0.152** (2.119)	0.139*** (3.113)	0.222*** (3.786)
股权激励合约×股权质押比例	0.004 (1.149)		-0.002 (-0.515)	
偏离目标程度×股权质押比例_H		-0.073* (-1.855)		-0.001 (-0.026)
偏离目标程度×股权质押比例_H×股权激励合约		-0.139* (-1.663)		-0.150* (-1.727)
股权激励合约×股权质押比例_H		0.008 (1.265)		-0.002 (-0.350)
股权质押比例_H		0.002 (0.832)		0.001 (0.519)
股权质押比例	0.002 (1.075)		0.000 (0.308)	
股权激励合约	0.006* (1.939)	0.002 (0.371)	0.003 (0.938)	0.004 (0.969)
偏离目标程度×公司规模	0.015 (0.831)	0.014 (0.769)	-0.008 (-0.420)	-0.008 (-0.423)
偏离目标程度×盈利能力	0.031* (1.851)	0.033** (1.989)	0.044** (2.142)	0.044** (2.152)
偏离目标程度×成长能力	0.010 (0.584)	0.011 (0.648)	-0.011 (-0.519)	-0.011 (-0.526)
偏离目标程度×第一大股东持股比例	0.016 (0.713)	0.021 (0.919)	0.022 (1.198)	0.024 (1.339)
偏离目标程度×高管薪酬	-0.017 (-0.842)	-0.018 (-0.888)	0.014 (0.651)	0.014 (0.637)
偏离目标程度×两职合一	0.030 (0.909)	0.033 (1.003)	0.072* (1.936)	0.074** (2.018)
偏离目标程度×GDP 增长率	-0.059*** (-3.608)	-0.061*** (-3.696)	-0.019 (-1.134)	-0.019 (-1.122)
偏离目标程度×高管年龄	-0.005 (-0.337)	-0.002 (-0.142)	-0.033** (-2.084)	-0.031* (-1.939)

续表

变量	实际调整程度			
	股权制衡较强组		股权制衡较弱组	
	指标 1	指标 2	指标 1	指标 2
偏离目标程度×市场化程度	-0.007 (-0.393)	-0.005 (-0.275)	0.004 (0.185)	0.005 (0.261)
常数项	-0.014 (-1.077)	-0.015 (-1.143)	-0.001 (-0.097)	-0.002 (-0.144)
年度固定效应	控制	控制	控制	控制
行业固定效应	控制	控制	控制	控制
样本数	4369	4369	4088	4088
调整 R^2	0.273	0.271	0.233	0.232
F 值	45.421	33.749	43.070	33.718

注：括号内的数值为标准误差经公司层面 Cluster 处理后计算得到的 T 值；***、**、* 分别表示在1%、5%和 10%的水平上显著。

由表 6.8 可知，在控制公司特征、公司治理、高管特征、外部宏观环境以及行业和年度对资本结构调整的影响后，在股权制衡较强组，偏离目标程度×股权质押比例×股权激励合约与实际调整程度的回归系数为-0.106（T 值为-2.586），在 1%的水平上显著，偏离目标程度×股权质押比例_H×股权激励合约与实际调整程度的回归系数为-0.139（T 值为-1.663），在 10%的水平上显著；而在股权制衡较弱组，偏离目标程度×股权质押比例×股权激励合约与实际调整程度的回归系数为-0.075（T 值为-1.666），在 10%的水平上显著，偏离目标程度×股权质押比例_H×股权激励合约与实际调整程度的回归系数为-0.150（T 值为-1.727），在 10%的水平上显著。上述结果说明，多个大股东共存的公司股权制衡机制并不能牵制控股股东，也没有起到监督高管的作用，故不能抑制控股股东股权质押和高管股权激励合约对资本结构动态调整的负面影响。

表 6.9　检验媒体关注的调节作用

变量	实际调整程度			
	媒体关注较多组		媒体关注较少组	
	指标 1	指标 2	指标 1	指标 2
偏离目标程度	0.476*** (20.464)	0.492*** (15.025)	0.418*** (17.219)	0.426*** (12.971)
偏离目标程度×股权质押比例	-0.033* (-1.670)		-0.019 (-1.063)	

续表

变量	实际调整程度			
	媒体关注较多组		媒体关注较少组	
	指标 1	指标 2	指标 1	指标 2
偏离目标程度×股权质押比例×股权激励合约	-0.062 (-1.539)		-0.153*** (-3.538)	
偏离目标程度×股权激励合约	0.090** (2.131)	0.135** (2.151)	0.117*** (2.673)	0.254*** (3.941)
股权激励合约×股权质押比例	-0.003 (-0.820)		0.006* (1.932)	
偏离目标程度×股权质押比例_H		-0.041 (-1.031)		-0.023 (-0.594)
偏离目标程度×股权质押比例_H×股权激励合约		-0.084 (-1.039)		-0.266*** (-3.116)
股权激励合约×股权质押比例_H		-0.004 (-0.758)		0.014** (2.226)
股权质押比例_H		0.006** (2.278)		-0.005* (-1.746)
股权质押比例	0.002 (1.075)		0.000 (0.308)	
股权激励合约	0.006* (1.939)	0.002 (0.371)	0.003 (0.938)	0.004 (0.969)
偏离目标程度×公司规模	-0.022 (-1.251)	-0.023 (-1.307)	0.006 (0.244)	0.006 (0.243)
偏离目标程度×盈利能力	0.027 (1.596)	0.029* (1.704)	0.063*** (3.106)	0.063*** (3.117)
偏离目标程度×成长能力	-0.026 (-1.424)	-0.026 (-1.423)	0.016 (0.880)	0.017 (0.954)
偏离目标程度×第一大股东持股比例	-0.006 (-0.332)	-0.003 (-0.154)	0.003 (0.178)	0.007 (0.461)
偏离目标程度×高管薪酬	-0.005 (-0.240)	-0.005 (-0.241)	0.006 (0.261)	0.005 (0.207)
偏离目标程度×两职合一	0.067* (1.944)	0.072** (2.079)	0.026 (0.640)	0.030 (0.738)
偏离目标程度×GDP 增长率	-0.058*** (-3.944)	-0.058*** (-3.908)	-0.026 (-1.413)	-0.029 (-1.519)

续表

变量	实际调整程度			
	媒体关注较多组		媒体关注较少组	
	指标 1	指标 2	指标 1	指标 2
偏离目标程度×高管年龄	-0.011 (-0.718)	-0.008 (-0.532)	-0.033** (-2.065)	-0.031* (-1.933)
偏离目标程度×市场化程度	-0.010 (-0.535)	-0.007 (-0.402)	0.009 (0.449)	0.011 (0.549)
常数项	-0.014 (-1.077)	-0.015 (-1.143)	-0.001 (-0.097)	-0.002 (-0.144)
年度固定效应	控制	控制	控制	控制
行业固定效应	控制	控制	控制	控制
样本数	4553	4553	3904	3904
调整 R^2	0.259	0.258	0.247	0.246
F 值	46.039	33.387	43.995	31.853

注：括号内的数值为标准误差经公司层面 Cluster 处理后计算得到的 T 值；***、**、* 分别表示在 1%、5%和 10%的水平上显著。

由表 6.9 可知，控制其他变量对资本结构动态调整的影响后，在媒体关注较多组，偏离目标程度×股权质押比例×股权激励合约与实际调整程度的回归系数为-0.062（T 值为-1.539），偏离目标程度×股权质押比例_H×股权激励合约与实际调整程度的回归系数为-0.084（T 值为-1.039）；而在媒体关注较少组，偏离目标程度×股权质押比例×股权激励合约与实际调整程度的回归系数为-0.153（T 值为-3.538），在 1%的水平上显著，偏离目标程度×股权质押比例_H×股权激励合约与实际调整程度的回归系数为-0.266（T 值为-3.116），在 1%的水平上显著。上述结果说明，较多的媒体关注会提高上市公司与潜在资本供给者之间的信息透明程度，导致控股股东和高管为防御控制权转移而进行的信息操纵、盈余管理和税收规避等行为被曝光的概率增大，从而约束其机会主义行为，有利于降低资本结构调整成本，缓解控股股东股权质押和高管股权激励合约交互作用对资本结构动态调整的负向影响。

（二）修正模型

标准部分调整模型实际上包含了主动调整和机械调整两种不同性质的调整。主动调整是指公司利用资本市场渠道，通过发行新股、发行债券、增加或者偿还银行贷款、现金分红和股票回购等方式，主动地对资本结构进行调整。机械调整是指即使公司在某些年度没有主动调整资本结构的财务行为，但由于实现了年度盈余和亏损，年末资本结构相对年初资本结构依然发生了变化。本章借鉴 Faulkender 等（2012）的做法，剥离资本结构调整中的机械调整部分，并在第四章修正模型（4.8）的基础上，加入控股股东股权质押与偏离目标程度交互项，高管股权激励合约和偏离目标程度交互项，控股股东股权质押、高管股权激励合约和偏离目标程度交互项三个变量，构建模型（6.2），重新考察控股股东股权质押和高管股权激励合约交互作用对资本结构调整速度的影响。

$$\Delta Lev_{i,t}^{p}=\varpi_0 Dev_{i,t}^{p}+\varpi_1(Pled_{i,t}\times Dev_{i,t}^{p})+\varpi_2(Inc_{i,t}\times Dev_{i,t}^{p})+\varpi_3(Inc_{i,t}\times Pled_{i,t}\times Dev_{i,t}^{p})+\varpi_4 Pled_{i,t}+\varpi_5 Inc_{i,t}+\varpi_6(Pled_{i,t}\times Inc_{i,t})+\varepsilon_{i,t} \quad (6.2)$$

其中，ϖ_3表示控股股东股权质押、高管股权激励合约与偏离目标程度交互项的回归系数。若ϖ_3显著小于 0，说明控股股东股权质押和高管股权激励合约的交互作用阻碍了资本结构趋向目标水平调整；若ϖ_3显著大于 0，说明这两者的交互作用有助于加快资本结构调整的速度。

本节通过模型（6.2）重新检验控股股东股权质押和高管股权激励合约交互作用对资本结构动态调整的影响，并重新检验公司内部股权制衡机制与外部媒体关注约束机制在控股股东股权质押和高管股权激励合约交互效应中的调节作用，结果见表 6.10 至表 6.12。

表 6.10　修正模型后的回归结果

变量	实际调整程度	
	指标 1	指标 2
偏离目标程度	0.451*** (23.430)	0.439*** (15.845)
偏离目标程度×股权质押比例	-0.009 (-0.448)	
偏离目标程度×股权质押比例×股权激励合约	-0.161*** (-3.874)	
偏离目标程度×股权激励合约	0.174*** (3.849)	0.339*** (4.399)
股权激励合约×股权质押比例	0.007** (2.395)	
股权质押比例	-0.002 (-1.588)	

续表

变量	实际调整程度	
	指标 1	指标 2
股权激励合约	0.007** (2.510)	0.001 (0.144)
偏离目标程度×股权质押比例_H		0.014 (0.350)
偏离目标程度×股权质押比例_H×股权激励合约		-0.318*** (-3.368)
股权激励合约×股权质押比例_H		0.013** (2.167)
股权质押比例_H		-0.003 (-1.184)
常数项	0.012*** (10.553)	0.013*** (8.165)
样本数	6041	6041
调整 R^2	0.223	0.223
F 值	138.440	139.274

注：括号内的数值为标准误差经公司层面 Cluster 处理后计算得到的 T 值；***、**分别表示在1%、5%的水平上显著。

由表 6.10 可知，剔除净利润变化导致的资本结构机械调整后，偏离目标程度×股权质押比例×股权激励合约与实际调整程度的回归系数为-0.161（T 值为-3.874），偏离目标程度×股权质押比例_H×股权激励合约与实际调整程度的回归系数为-0.318（T 值为-3.368），说明控股股东股权质押和高管股权激励合约的交互作用会减缓公司资本结构主动调整的速度。因此，在控股股东股权质押和高管股权激励合约的共同影响下，公司面临双重代理冲突，资本结构调整成本会增加，公司通过发行新股、发行债券、增加或者偿还银行贷款、现金分红以及股票回购等方式主动向目标资本结构调整的概率会降低。

表 6.11　检验股权制衡机制影响后的回归结果

变量	实际调整程度			
	股权制衡较强组		股权制衡较弱组	
	指标 1	指标 2	指标 1	指标 2
偏离目标程度	0.494*** (16.530)	0.504*** (10.774)	0.409*** (15.991)	0.391*** (10.896)

续表

变量	实际调整程度			
	股权制衡较强组		股权制衡较弱组	
	指标 1	指标 2	指标 1	指标 2
偏离目标程度×股权质押比例	-0.017 (-0.518)		-0.013 (-0.501)	
偏离目标程度×股权质押比例×股权激励合约	-0.148** (-2.410)		-0.161*** (-2.637)	
偏离目标程度×股权激励合约	0.149** (2.262)	0.237** (2.458)	0.187*** (3.012)	0.401*** (3.507)
股权激励合约×股权质押比例	0.010** (2.355)		0.002 (0.530)	
股权质押比例	-0.001 (-0.550)		-0.002 (-1.175)	
股权激励合约	0.006 (1.312)	-0.001 (-0.158)	0.010*** (2.593)	0.005 (0.796)
偏离目标程度×股权质押比例_H		-0.025 (-0.422)		0.027 (0.521)
偏离目标程度×股权质押比例_H×股权激励合约		-0.204* (-1.738)		-0.393*** (-2.759)
股权激励合约×股权质押比例_H		0.014* (1.650)		0.008 (1.022)
股权质押比例_H		-0.001 (-0.203)		-0.003 (-0.997)
常数项	0.008*** (4.142)	0.008*** (2.858)	0.016*** (9.842)	0.017*** (8.601)
样本数	3000	3000	3041	3041
调整 R^2	0.234	0.232	0.214	0.215
F 值	80.182	80.542	59.139	59.966

注：括号内的数值为标准误差经公司层面 Cluster 处理后计算得到的 T 值；***、**、* 分别表示在 1%、5%和 10%的水平上显著。

由表 6.11 可知，在股权制衡较强组，偏离目标程度×股权质押比例×股权激励合约与实际调整程度的回归系数为-0.148（T 值为-2.410），偏离目标程度×股权质押比例_H×股权激励合约与实际调整程度的回归系数为-0.204（T 值为-1.738）；而在股权制衡较弱组，偏离目标程度×股权质押比例×股权激励合约与实际调整程度的回归系数为-0.161（T值为-2.637），偏离目标程度×股权质押比例_H×股权激励合约与实际调整程度的回归系数为-0.393（T值为-2.759）。上述回归结果证明，上市公司多个大股东同时存在的内部股权制衡机制并不能牵制控股股东，也不能约束高管的利己行为，所以不能抑制控股股东股权质押和高管股权激励合约交互作用对资本结构动态调整的负向影响。

表6.12　考察媒体关注影响后的回归结果

变量	实际调整程度			
	媒体关注较多组		媒体关注较少组	
	指标1	指标2	指标1	指标2
偏离目标程度	0.486*** (16.506)	0.475*** (11.392)	0.411*** (15.631)	0.397*** (10.437)
偏离目标程度×股权质押比例	-0.026 (-0.833)		0.010 (0.368)	
偏离目标程度×股权质押比例×股权激励合约	-0.122 (-1.087)		-0.206*** (-3.245)	
偏离目标程度×股权激励合约	0.127** (2.212)	0.302*** (2.906)	0.215*** (2.959)	0.367*** (3.475)
股权激励合约×股权质押比例	0.002 (0.440)		0.012*** (2.725)	
股权质押比例	0.001 (0.562)		-0.005*** (-2.920)	
股权激励合约	0.010*** (3.026)	0.008 (1.610)	0.001 (0.214)	-0.011* (-1.751)
偏离目标程度×股权质押比例_H		0.001 (0.015)		0.029 (0.553)
偏离目标程度×股权质押比例_H×股权激励合约		-0.312 (-1.465)		-0.324** (-2.299)
股权激励合约×股权质押比例_H		0.003 (0.457)		0.024** (2.537)
股权质押比例_H		0.003 (0.899)		-0.010*** (-2.737)

续表

变量	实际调整程度			
	媒体关注较多组		媒体关注较少组	
	指标 1	指标 2	指标 1	指标 2
常数项	0.014*** (8.388)	0.013*** (5.175)	0.009*** (5.771)	0.014*** (6.181)
样本数	3298	3298	2743	2743
调整 R^2	0.235	0.235	0.208	0.206
F 值	72.925	72.676	54.773	56.708

注：括号内的数值为标准误差经公司层面 Cluster 处理后计算得到的 T 值；***、**、*分别表示在1%、5%和10%的水平上显著。

由表 6.12 可知，在媒体关注较多组，偏离目标程度×股权质押比例×股权激励合约与实际调整程度的回归系数为-0.122（T 值为-1.087），偏离目标程度×股权质押比例_H×股权激励合约与实际调整程度的回归系数为-0.312（T 值为-1.465）。以上回归结果说明，当公司受媒体关注较少时，控股股东股权质押和高管股权激励合约的交互作用不会对资本结构动态调整产生负向影响。在媒体关注较少组，偏离目标程度×股权质押比例×股权激励合约与实际调整程度的回归系数为-0.206（T 值为-3.245），偏离目标程度×股权质押比例_H×股权激励合约与实际调整程度的回归系数为-0.324（T 值为-2.299）。以上回归结果说明，较多的媒体监督能够约束控股股东和高管的机会主义动机，降低公司和投资者以及债权人之间的信息不对称程度，有利于降低资本结构调整成本，促使实际资本结构趋向目标水平调整。

（三）剔除商业信用后的影响

本章通过资产负债率衡量上市公司资本结构，负债中包括商业信用，商业信用受供应商和客户的影响较大。潘临等（2018）研究后指出，当控股股东股权质押比例较高时，上市公司获得的商业信用规模将会缩小。为避免商业信用①对实证结果产生影响，本章将其从负债总额中剔除，重新检验控股股东股权质押与高管股权激励合约交互作用对资本结构动态调整的影响，并重新检验股权制衡机制和媒体关注约束机制在控股股东股权质押与高管股权激励合约交互效应中的调节作用，结果见表 6.13 至表 6.15。

---

① 参考潘临等（2018）的研究，商业信用=应付账款+应付票据+预收账款。

表 6.13　剔除商业信用后的回归结果

变量	实际调整程度	
	指标 1	指标 2
偏离目标程度	0.476*** (36.308)	0.501*** (28.050)
偏离目标程度×股权质押比例	-0.044*** (-3.408)	
偏离目标程度×股权质押比例×股权激励合约	-0.090*** (-2.965)	
偏离目标程度×股权激励合约	0.166*** (5.594)	0.248*** (5.493)
股权激励合约×股权质押比例	0.002 (0.759)	
股权质押比例	0.002** (2.041)	
股权激励合约	0.003 (1.513)	0.001 (0.477)
偏离目标程度×股权质押比例_H		-0.061** (-2.392)
偏离目标程度×股权质押比例_H×股权激励合约		-0.151** (-2.500)
股权激励合约×股权质押比例_H		0.003 (0.644)
股权质押比例_H		0.004** (2.171)
常数项	0.007*** (9.016)	0.005*** (4.764)
样本数	8457	8457
调整 R^2	0.248	0.247
F 值	271.964	264.086

注：括号内的数值为标准误差经公司层面 Cluster 处理后计算得到的 T 值；***、**分别表示在1%、5%的水平上显著。

由表 6.13 可知，剔除商业信用后，偏离目标程度×股权质押比例×股权激励合约与实际调整程度的回归系数为-0.090（T 值为-2.965），在 1%的水平上显著，偏离目标程度×股权质押比例_H×股权激励合约与实际调整程度的回归系数为-0.151（T值为-2.500），在5%的水平上显著。以上回归结果说明，控股股东股权质押和高管股权激励合约共同作用阻碍了实际资本结构趋向目标水平调整的速度。

表 6.14　检验股权制衡机制影响后的回归结果

变量	实际调整程度			
	股权制衡较强组		股权制衡较弱组	
	指标 1	指标 2	指标 1	指标 2
偏离目标程度	0.531*** (27.745)	0.578*** (21.540)	0.421*** (23.683)	0.435*** (17.972)
偏离目标程度×股权质押比例	-0.066*** (-3.510)		-0.032* (-1.726)	
偏离目标程度×股权质押比例×股权激励合约	-0.069* (-1.745)		-0.098** (-2.300)	
偏离目标程度×股权激励合约	0.119*** (2.855)	0.158** (2.405)	0.209*** (5.036)	0.327*** (5.661)
股权激励合约×股权质押比例	0.003 (1.035)		-0.001 (-0.221)	
股权质押比例	0.002 (1.564)		0.002* (1.711)	
股权激励合约	0.003 (1.076)	0.002 (0.493)	0.003 (1.185)	0.002 (0.521)
偏离目标程度×股权质押比例_H		-0.109*** (-3.079)		-0.035 (-0.921)
偏离目标程度×股权质押比例_H×股权激励合约		-0.075* (-1.916)		-0.211** (-2.375)
股权激励合约×股权质押比例_H		0.001 (0.276)		0.002 (0.347)
股权质押比例_H		0.006** (2.355)		0.003 (1.229)
常数项	0.004*** (3.051)	0.001 (0.450)	0.010*** (8.172)	0.009*** (5.705)
样本数	4369	4369	4088	4088
调整 R^2	0.279	0.277	0.217	0.216
F 值	163.137	157.459	124.404	123.357

注：括号内的数值为标准误差经公司层面 Cluster 处理后计算得到的 T 值；***、**、* 分别表示在1%、5%和10%的水平上显著。

由表 6.14 可知，在股权制衡较强组，偏离目标程度×股权质押比例×股权激励合约与实际调整程度的回归系数为-0.069（T 值为-1.745），偏离目标程度×股权质押比例_H×股权激励合约与实际调整程度的回归系数为-0.075（T 值为-1.916），均在 10%的水平上显著；在股权制衡较弱组，偏离目标程度×股权质押比例×股权激励合约与实际调整程度的回归系数为-0.098（T 值为-2.300），偏离目标程度×股权质押比例_H×股权激励合约与实际调整程度的回归系数为-0.211（T 值为-2.375），均在 5%的水平上显著。以上回归结果说明，剔除商业信用对资本结构的影响后，上市公司内部股权制衡机制还是不能牵制控股股东，也不能约束高管的利己行为，故不能削弱控股股东股权质押和高管股权激励合约交互作用对资本结构动态调整的负向影响。

表 6.15　考察媒体关注影响后的回归结果

变量	实际调整程度			
	媒体关注较多组		媒体关注较少组	
	指标 1	指标 2	指标 1	指标 2
偏离目标程度	0.495*** (27.208)	0.527*** (21.538)	0.452*** (23.347)	0.468*** (16.242)
偏离目标程度×股权质押比例	-0.055*** (-3.052)		-0.026 (-1.447)	
偏离目标程度×股权质押比例×股权激励合约	-0.047 (-1.185)		-0.156*** (-3.406)	
偏离目标程度×股权激励合约	0.177*** (4.448)	0.223*** (3.703)	0.138*** (3.035)	0.284*** (4.348)
股权激励合约×股权质押比例	-0.003 (-1.228)		0.007** (2.553)	
股权质押比例	0.005*** (3.402)		-0.001 (-1.207)	
股权激励合约	0.002 (0.687)	0.005 (1.517)	0.003 (1.170)	-0.005 (-1.402)
偏离目标程度×股权质押比例_H		-0.076** (-2.148)		-0.039 (-1.059)
偏离目标程度×股权质押比例_H×股权激励合约		-0.081 (-0.998)		-0.271*** (-3.069)
股权激励合约×股权质押比例_H		-0.008 (-1.455)		0.016*** (2.647)

续表

变量	实际调整程度			
	媒体关注较多组		媒体关注较少组	
	指标 1	指标 2	指标 1	指标 2
股权质押比例_H		0.009*** (3.342)		-0.002 (-0.699)
常数项	0.010*** (8.305)	0.006*** (3.741)	0.003*** (2.855)	0.004*** (2.728)
样本数	4553	4553	3904	3904
调整 R^2	0.258	0.256	0.238	0.237
F 值	156.205	154.601	119.556	112.630

注：括号内的数值为标准误差经公司层面 Cluster 处理后计算得到的 T 值；***、**分别表示在1%、5%的水平上显著。

由表6.15可知，在媒体关注较多组，偏离目标程度×股权质押比例×股权激励合约与实际调整程度的回归系数为-0.047（T 值为-1.185），偏离目标程度×股权质押比例_H×股权激励合约与实际调整程度的回归系数为-0.081（T 值为-0.998）。以上回归结果说明，当公司受媒体关注较少时，控股股东股权质押和高管股权激励合约的交互作用不会对资本结构动态调整产生负向影响。在媒体关注较少组，偏离目标程度×股权质押比例×股权激励合约与实际调整程度的回归系数为-0.156（T 值为-3.406），偏离目标程度×股权质押比例_H×股权激励合约与实际调整程度的回归系数为-0.271（T 值为-3.069），均在1%的水平上显著。以上回归结果说明，较多的媒体关注能够缓解上市公司和潜在资本供给者之间的信息不对称，将控股股东和高管的经营活动以及行为暴露于镁光灯下，有利于约束其利己行为，降低上市公司进行外部融资的成本，从而促使实际资本结构趋向目标水平调整。

（四）替换目标资本结构衡量方法

现有研究对目标资本结构模型（3.1）回归系数的估计，采用同时估计目标资本结构和调整速度的模型，这样一来模型中就直接包含了调整成本因素，更贴近实际。本章将模型（3.1）代入标准部分模型（3.3），得到模型（6.3）：

$$\Delta Lev_{i,t}=\delta\gamma X_{i,t-1}-(1-\delta)Lev_{i,t-1}+\varepsilon_{i,t} \qquad (6.3)$$

在估计方法上，Flannery 和 Hankins（2013）比较了 OLS 方法、固定效应模型、系统广义矩估计（SYS_GMM）和纠偏最小二乘虚拟变量法（LSDVC）

等，发现 LSDVC 法对模型（6.3）的估计更为精确。因此，本章采用该方法，将得到的回归系数 γ 代入模型（3.1）来估算目标资本结构，接着将目标资本结构代入标准部分调整模型（3.3），获得基准的资本结构调整速度模型。在此基础上，加入控股股东股权质押和偏离目标程度交互项、高管股权激励合约和偏离目标程度交互项以及控股股东股权质押、高管股权激励合约和偏离目标程度交互项，重新考察控股股东股权质押和高管股权激励合约交互作用如何影响上市公司资本结构动态调整，并重新检验公司内部股权制衡机制和外部媒体关注在控股股东股权质押和高管股权激励合约交互效应中的调节作用，回归结果见表 6.16 至表 6.18。

表 6.16　替换目标资本结构衡量方法后的回归结果

变量	实际调整程度	
	指标 1	指标 2
偏离目标程度	0.451*** (32.923)	0.466*** (23.613)
偏离目标程度×股权质押比例	-0.033*** (-2.594)	
偏离目标程度×股权质押比例×股权激励合约	-0.103*** (-3.667)	
偏离目标程度×股权激励合约	0.151*** (5.099)	0.243*** (5.352)
股权激励合约×股权质押比例	0.002 (0.783)	
股权质押比例	0.001 (0.574)	
股权激励合约	0.004** (2.005)	0.002 (0.665)
偏离目标程度×股权质押比例_H		-0.037 (-1.383)
偏离目标程度×股权质押比例_H×股权激励合约		-0.171*** (-2.882)
股权激励合约×股权质押比例_H		0.004 (0.898)
股权质押比例_H		0.001 (0.662)

续表

变量	实际调整程度	
	指标 1	指标 2
常数项	0.007*** (8.690)	0.007*** (5.600)
样本数	8457	8457
调整 R^2	0.240	0.239
F 值	241.613	221.636

注：括号内的数值为标准误差经公司层面 Cluster 处理后计算得到的 T 值；***、** 分别表示在 1%、5%的水平上显著。

由表 6.16 可知，偏离目标程度×股权质押比例×股权激励合约与实际调整程度的回归系数为-0.103（T 值为-3.667），偏离目标程度×股权质押比例_H×股权激励合约与实际调整程度的回归系数为-0.171（T 值为-2.882），均在 1%的水平上显著。替换目标资本结构衡量方法后，控股股东股权质押和高管股权激励合约的交互作用依然会对上市公司资本结构动态调整产生负向影响，并且显著性水平有所提高。

表 6.17　检验控制股权质押机制影响后的回归结果

变量	实际调整程度			
	股权制衡较强组		股权制衡较弱组	
	指标 1	指标 2	指标 1	指标 2
偏离目标程度	0.502*** (25.388)	0.539*** (17.762)	0.403*** (21.752)	0.404*** (15.882)
偏离目标程度×股权质押比例	-0.059*** (-3.067)		-0.017 (-0.967)	
偏离目标程度×股权质押比例×股权激励合约	-0.101** (-2.496)		-0.086** (-1.971)	
偏离目标程度×股权激励合约	0.124*** (2.962)	0.191*** (2.788)	0.171*** (4.020)	0.268*** (4.662)
股权激励合约×股权质押比例	0.003 (1.088)		-0.001 (-0.414)	
股权质押比例	0.001 (1.039)		0.001 (0.402)	

续表

变量	实际调整程度			
	股权制衡较强组		股权制衡较弱组	
	指标 1	指标 2	指标 1	指标 2
股权激励合约	0.005 (1.625)	0.001 (0.169)	0.004 (1.471)	0.005 (1.309)
偏离目标程度×股权质押比例_H		-0.089** (-2.343)		-0.005 (-0.140)
偏离目标程度×股权质押比例_H×股权激励合约		-0.133* (-1.792)		-0.177* (-1.945)
股权激励合约×股权质押比例_H		0.007 (1.096)		-0.002 (-0.302)
股权质押比例_H		0.003 (1.006)		0.002 (0.611)
常数项	0.003** (2.532)	0.002 (1.062)	0.011*** (8.431)	0.010*** (6.257)
样本数	4369	4369	4088	4088
调整 R^2	0.263	0.260	0.217	0.217
F 值	147.209	134.288	103.824	101.581

注：括号内的数值为标准误差经公司层面 Cluster 处理后计算得到的 T 值；***、**、* 分别表示在 1%、5%和 10%的水平上显著。

由表 6.17 可知，在股权制衡较强组，偏离目标程度×股权质押比例×股权激励合约与实际调整程度的回归系数为-0.101（T 值为-2.496），在 5%的水平上显著，偏离目标程度×股权质押比例_H×股权激励合约与实际调整程度的回归系数为-0.133（T 值为-1.792），在 10%的水平上显著；在股权制衡较弱组，偏离目标程度×股权质押比例×股权激励合约与实际调整程度的回归系数为-0.086（T 值为-1.971），在 5%的水平上显著，偏离目标程度×股权质押比例_H×股权激励合约与实际调整程度的回归系数为-0.177（T 值为-1.945），在 10%的水平上显著。由上述回归结果可知，替换目标资本结构衡量方法后，不管在股权制衡较强组还是在股权制衡较弱组，控股股东股权质押和高管股权激励合约的交互作用均会阻碍公司实际资本结构趋向目标水平调整，说明公司内部股权制衡机制在控股股东股权质押和高管股权激励合约交互效应中的调节作用不存在。

表 6.18 考察媒体关注影响后的回归结果

变量	实际调整程度			
	媒体关注较多组		媒体关注较少组	
	指标 1	指标 2	指标 1	指标 2
偏离目标程度	0.479*** (25.436)	0.498*** (18.320)	0.420*** (21.931)	0.428*** (15.174)
偏离目标程度×股权质押比例	-0.038** (-2.104)		-0.026 (-1.459)	
偏离目标程度×股权质押比例×股权激励合约	-0.068 (-1.132)		-0.151*** (-3.522)	
偏离目标程度×股权激励合约	0.127*** (3.228)	0.181*** (3.116)	0.173*** (4.110)	0.323*** (5.137)
股权激励合约×股权质押比例	-0.003 (-0.881)		0.007** (2.013)	
股权质押比例	0.003** (2.441)		-0.003** (-2.173)	
股权激励合约	0.005* (1.758)	0.007* (1.922)	0.002 (0.644)	-0.006 (-1.519)
偏离目标程度×股权质押比例_H		-0.047 (-1.272)		-0.022 (-0.603)
偏离目标程度×股权质押比例_H×股权激励合约		-0.096 (-1.231)		-0.289*** (-3.316)
股权激励合约×股权质押比例_H		-0.005 (-0.921)		0.015** (2.287)
股权质押比例_H		0.007** (2.400)		-0.005* (-1.804)
常数项	0.010*** (7.610)	0.007*** (3.806)	0.004*** (3.348)	0.006*** (3.823)
样本数	4553	4553	3904	3904
调整 R^2	0.250	0.249	0.231	0.229
F 值	138.569	129.150	114.657	107.021

注：括号内的数值为标准误差经公司层面 Cluster 处理后计算得到的 T 值；***、**、* 分别表示在 1%、5%和 10%的水平上显著。

由表 6. 18 可知，在媒体关注较少组，偏离目标程度×股权质押比例×股权激励合约与实际调整程度的回归系数为-0. 151（*T* 值为-3. 522），偏离目标程度×股权质押比例_H×股权激励合约与实际调整程度的回归系数为-0. 289（*T* 值为-3. 316）；在媒体关注较多组，偏离目标程度×股权质押比例×股权激励合约与实际调整程度的回归系数为-0. 068（*T* 值为-1. 132），偏离目标程度×股权质押比例_H×股权激励合约与实际调整程度的回归系数为-0. 096（*T* 值为-1. 231）。替换目标资本结构衡量方法后，在媒体关注较少组，控股股东股权质押和高管股权激励合约交互作用对资本结构动态调整依然产生了负向影响，且显著性水平略有提升；较多的媒体监督能够约束控股股东和高管的机会主义动机，缓解公司和投资者以及债权人之间的信息不对称，降低双重代理成本，从而抑制控股股东股权质押和高管股权激励合约交互作用对公司资本结构动态调整的负向影响。

第七章 研究结论与对策建议

一、研究结论

针对现有文献中影响资本结构动态调整的内外部因素、激励合约效应以及控股股东股权质押的经济后果，结合公司资本结构不合理、资本结构普遍低于最优水平、资本结构调整具有不对称性的现状，本书从公司治理视角，探究控股股东股权质押、高管股权激励合约以及两者交互作用对资本结构动态调整的影响。按照“提出问题—理论分析与研究假设—实证检验—研究结论和启示”的研究思路，本书深入探讨了三个问题：一是基于股东和管理者之间的代理冲突，检验高管股权激励合约是否会对资本结构动态调整产生影响；二是基于控股股东和中小股东之间的代理冲突，检验控股股东股权质押行为是否会对公司资本结构动态调整产生影响；三是基于双重委托代理冲突，检验控股股东股权质押和高管股权激励合约交互作用对资本结构动态调整的影响。本书主要研究结论如下：

（一）股权激励合约会加快资本结构调整速度

股权激励合约对资本结构调整速度具有正向影响，即上市公司通过股权激励合约协同高管长期利益，降低了代理成本，且增强了资本供给者对公司再融资的信心，从而促使管理者加快资本结构调整的速度。在股权激励合约条款中，行权条件越高、有效期越长、股权授予比例越大、限制性股票约束性越强，越能激发管理者主动调整资本结构的意愿，促使管理者加快上市公司实际资本结构趋向目标水平调整的速度。

高管股权激励合约会显著提高公司通过增加借款或者偿还债务方式调整资本结构的概率，而对发行股票和现金分红调整方式的影响不显著。这说明高管股权激励合约对资本结构调整的促进作用主要依赖增加借款或者偿还债务方式，而不是通过发行股票和现金分红方式实现的。区分调整方向后，高管股权激励合约会加快资本结构向上或向下调整的速度，降低资本结构调整的不对称性。区分产权性质后，相对于国有上市公司，非国有上市公司因其产权较分散、管理机制较灵活，实施高管股权激励对资本结构调整的积极影响显著。

（二）控股股东股权质押会阻碍资本结构动态调整

控股股东股权质押后对上市公司实施的风险性行为会导致潜在资本供给者索要更高风险溢价，从而增加资本结构调整成本，减缓资本结构调整速度。控股股东股权质押会显著降低上市公司通过增加借款、发行股票或偿还债务方式调整资本结构的概率，而对现金分红方式的影响不显著。这说明控股股东股权质押对资本结构调整速度的抑制作用依赖增加借款、发行股票或偿还债务方式，而不是通过现金分红方式实现的。区分调整方向后，控股股东股权质押会显著减慢资本结构向上或向下调整的速度，提高资本结构调整的不对称性。区分产权性质后，相对于国有上市公司，非国有上市公司控股股东股权质押后的控制权转移风险更高，进行信息操纵或盈余管理等风险性行为的动机更强，对资本结构调整速度的负向影响更大。

（三）双重代理冲突会减缓资本结构调整速度

控股股东股权质押期间，为获得高管对其风险性行为的支持，不大可能在股权激励效应实现的过程中行使有效监督和管理，从而会削弱股权激励合约的有效性，故两者的交互作用将会减缓公司实际资本结构趋向目标水平调整的速度。进一步分析公司治理约束机制可知，内部股权制衡机制无法抑制控股股东股权质押和高管股权激励合约交互作用对资本结构调整速度的负向影响；但外部媒体监督机制通过信息传播效应和揭露功能可以抑制控股股东和高管的机会主义行为，缓解双重代理冲突，从而弱化控股股东股权质押和高管股权激励合约交互作用对资本结构动态调整的负向影响。

二、对策建议

本书从理论上丰富了公司治理和资本结构动态调整的相关研究，同时提出以下对策建议：

（一）公司资本结构调整应关注高管股权激励合约

股权激励合约能够促使管理者积极调整和优化资本结构。当资本结构高于目标水平时，被授予股权的高管将“去杠杆”以降低破产风险和负债利息压力；而当资本结构低于目标水平时，被授予股权的高管会增加债务并发挥负债的相机治理作用，通过资本结构的向下或向上调整，最终缩小资本结构偏离目标程度，提升公司价值。因此，利益相关者应当积极鼓励公司实行股权激励，促使管理者加快调整资本结构的速度。

如何设计股权激励合约的具体条款，直接影响着公司资本结构动态调整的有效性。为了发挥股权激励合约对资本结构的优化作用，在设计股权激励合约时，应当适当延长合约的行权期限，设置较长的行权间隔、较大的股权授予比例和具有挑战性的行权条件，以克服管理者的短期行为，充分发挥合约的激励效应。虽然限制性股票对资本结构动态调整的影响更显著，但由于公司所处发展阶段不同，适用的激励方式也不同。限制性股票在业绩考核和服务期限上对管理者的约束较强，适用于收益增长稳定的成熟期公司；而股票期权适合处于扩张期的公司，对管理者的激励更注重未来价值的创造。为促进资本结构的动态调整，公司还应从内部进行机制改革和创新。

（二）监管部门和金融机构应重视股权质押产生的风险

证监会等监管部门应做好以下三方面工作：第一，加强上市公司信息披露管理，要求控股股东披露质押资金用途，便于投资者和社会公众获取信息以作出正确的投资决策。第二，限定股权质押比例、质押率，降低控股股东股权质押爆仓风险。控股股东将股权质押虽属于个人融资行为，但其作为上市公司的掌舵人，如果出现股权质押爆仓，将会导致控制权转移，从而引起公司战略、管理政策等发生重大调整以及高管人员的大规模变动，影响上市公司的稳定经营，进而影响管理层、供应商以及员工等多方利益主体。更严重的是，控股股东股权质押爆仓很可能引发上市公司股价继续下跌，导致投资者恐慌，抛售上市公司股票。因此，监管层应限定质押比例、质押率，合理降低控股股东股权质押的爆仓风险。第三，加强对质权人的监管。随着银行和证券行业竞争的加剧，股权质押受到银行和证券公司的青睐。为了获取更多利润，银行和证券公司对股权质押业务采取纵容的态度，漠视可能出现的风险，相关的应对措施也准备不足。因此，监管部门应对银行和证券公司加强监管，要求其重视股权质押业务的风险，做好对控股股东等出质人的资信调查。

银行、券商以及信托等金融机构应事前择优，并重视事中监督。银行、券商和信托等金融机构作为质权人，应考察控股股东的还款能力、现金流稳定性、融出资金真实用途以及股权质押比例等，提前做好资格审查，以降低股权质押风险。大多数质权人发放控股股东股权质押贷款后，并不重视事中监督，仅在质押股票接近预警线或者平仓线时采取行动，这种被动的风险控制模式虽可以在一定程度上控制控股股东股权质押风险，但属于事后补救措施。本书认为，银行、券商和信托等质权人应该在发放控股股东股权质押贷款后定期与出质人沟通，监控质押资金流向，防止质押资金被挪作他用。质权人还应定期核查控股股东财务信息，评估他们的资金状况、偿还意愿，从而在事中降低股权质押风险。

此外，本书提倡发挥社会媒体和金融中介机构的力量，使其在公司治理中发挥作用。媒体报道能通过信息传播效应和揭露功能约束控股股东和高管的机会主义行为，有助于增强资本供给者和上市公司的信息透明度，缓解资本结构调整压力。

（三）投资者应理性分析影响资本结构调整的因素

对中小投资者而言，本书最重要的作用就是揭示了高管股权激励合约、控股股东股权质押以及两者交互作用对公司资本结构动态调整的影响，从而帮助它们缓解公司资本结构调整较慢且调整不对称的问题。资本市场上的中小投资者在作出股票投资决策前，应考虑上市公司实施股权激励以及控股股东股权质押在影响资本结构调整后对公司价值的冲击，这样才能较为全面地了解公司资本结构调整的意图，从而明确其投资价值。

综上所述，本书的结论对公司、监管部门、金融机构以及中小投资者都具有重要的现实意义。

三、研究局限和研究展望

（一）研究局限

本书研究在理论和实证上丰富和拓展了现有资本结构和公司治理方面的研究，但由于理论基础和专业知识有限，依然存在以下局限：

第一，未对调整成本进行直接测度。资本结构动态权衡理论认为，调整成本是影响公司资本结构动态调整最为重要的因素，但学术上对调整成本构成并没有形成一致结论。一般而言，凡是阻碍资本结构趋向目标水平调整的因素均被认为是调整成本，这些因素包括可以直接测度的发行费用、资本成本等，也包括不可直接测度的代理冲突因素。本书并未直接测度代理冲突因素引起的资本结构调整成本，而是通过高管股权激励合约和控股股东股权质押及两者交互作用对资本结构调整速度的影响来侧面反映股东和管理者之间的代理冲突、控股股东和中小股东之间的代理冲突以及双重代理冲突所引起的资本结构调整成本。

第二，对高管股权激励合约影响资本结构动态调整的探讨需进一步细化和拓展。本书对高管股权激励合约条款的考察主要涉及行权条件、有效期、股权授予比例和激励方式，对行权价格、组合激励类型、股票和资金来源等合约要素缺乏深入研究。这些条款之间很可能存在互补或者协同关系，且不同条款在激励合约中的重要程度也可能存在差异，所以应对合约条款之间的组合和搭配问题进行深入研究。

第三，未对控股股东股权质押的资金来源和去向进行探讨。本书仅考察了控股股东股权质押比例的影响，至于控股股东将股权质押给银行、券商、信托等金融机构的哪一方，则没有具体考察，这几类质权人之间是否存在监督效应的差异，其对资本结构动态调整的影响是否存在差异，有待进一步研究。此外，控股股东股权质押的融资款项是用于控股股东本身还是用于上市公司，这两者对公司资本结构调整的影响是否存在差异，也值得深入探讨。

（二）研究展望

本书基于公司治理视角，考察控股股东股权质押和高管股权激励合约以及两者交互作用对资本结构动态调整的影响。未来可从以下三个方向进行更为深入的研究：

第一，寻找代理冲突其他测度指标。本书用高管股权激励合约和控股股东股权质押及两者交互作用对资本结构调整速度的影响，侧面反映股东和管理者之间的代理冲突、控股股东和中小股东之间的代理冲突、双重代理冲突所引起的资本结构调整成本变化，以及资本结构调整速度的变化。后续的研究可以探讨高管在职消费和控股股东利益侵占等行为对资本结构调整速度的影响，侧面反映代理冲突所引起的调整成本高低。

第二，现有研究较少关注股权质押控股股东的背景特征，如其是不是上市公司、是不是集团公司以及公司规模如何等信息，分析不同背景下控股股东股权质押行为对公司影响的差异以及原因，有助于我们更深刻地认识股权质押。此外，控股股东将其股权质押给银行、券商以及信托等金融机构，不同质权人为确保资金回笼，对控股股东行为的影响是否存在差异，值得进一步研究。

第三，本书仅检验公司内部制衡机制和媒体监督的治理效应。后续的研究可进一步考察中小股东的监督机制、正式制度（法律环境、投资者保护水平以及政府干预等）以及非正式制度（社会信任、宗教文化等）对控股股东和高管机会主义行为的约束作用。

参考文献

[1] ACHARYA V V, EISERT T, EUFINGER C, et al. Real effects of the sovereign debt crisis in Europe: evidence from syndicated loans [J]. The Review of Financial Studies, 2018, 31 (8): 2855-2896.

[2] AGGARWAL R K, SAMWICK A A. Empire-builders and shirkers: investment, firm performance, and managerial incentives [J]. Journal of Corporate Finance, 2006, 12 (3): 489-515.

[3] AGHA M. Leverage, executive incentives and corporate governance [J]. Accounting & Finance, 2013, 53 (1): 1-30.

[4] AGHION P, BOLTON P. Distribution and growth in models of imperfect capital markets [J]. European Economic Review, 1992, 36 (2-3): 603-611.

[5] AGRAWAL A K. The impact of investor protection law on corporate policy and performance: evidence from the blue sky laws [J]. Journal of Financial Economics, 2013, 107 (2): 417-435.

[6] AHN S, CHOI W. The role of bank monitoring in corporate governance: evidence from borrowers' earnings management behavior [J]. Journal of Banking & Finance, 2009, 33 (2): 425-434.

[7] AKERLOF G. The market for lemons: quality uncertainty and the market mechanism [J]. Quarterly Journal of Economics, 1970, 84 (3): 488-500.

[8] ALCHIAN A A, DEMSETZ H. Production, information costs, and economic organization [J]. American Economic Review, 1972, 62 (5): 777-795.

[9] ARMSTRONG C S, GUAY W R, WEBER J P. The role of information and financial reporting in corporate governance and debt contracting [J]. Journal of Accounting and Economics, 2010, 50 (2-3): 179-234.

[10] ARROW K J. Uncertainty and the welfare economics of medical care [J]. The American Economic Review, 1963, 53 (5): 941-973.

[11] ASLI DEMIRGÜÇKUNT, MAKSIMOVIC V. Institutions, financial mar-

kets, and firm debt maturity [J]. Journal of Financial Economics, 1999, 54 (3): 295-336.

[12] ATTIG N, GUEDHAMI O, MISHRA D. Multiple large shareholders, control contests, and implied cost of equity [J]. Journal of Corporate Finance, 2008, 14 (5): 1-737.

[13] BAE K H, GOYAL V K. Creditor rights, enforcement, and bank loans [J]. The Journal of Finance, 2009, 64 (2): 823-860.

[14] BAE K H, KANG J K, KIM J M. Tunneling or value added? Evidence from mergers by Korean business groups [J]. The Journal of Finance, 2002, 57 (6): 2695-2740.

[15] BAE K H, BAEK J S, KANG J K, et al. Do controlling shareholders' expropriation incentives imply a link between corporate governance and firm value? Theory and evidence [J]. Journal of Financial Economics, 2012, 105 (2): 412-435.

[16] BAEK J S, KANG J K, LEE I. Business groups and tunneling: evidence from private securities offerings by Korean chaebols [J]. Journal of Finance, 2006, 61 (5): 2415-2449.

[17] BALSAM S, MIHARJO S. The effect of equity compensation on voluntary executive turnover [J]. Journal of Accounting & Economics, 2007, 43 (1): 95-119.

[18] BANERJEE H A, HESHMATI, WIHLBORG C. The dynamics of capital structure [J]. Stockolm School of Economics Working Paper Series in Economics and Finance, 2000 (333) .

[19] BASU K. Credit market frictions and capital structure dynamics [J]. Global Business Reviews, 2015, 16 (1): 61-83.

[20] BAUM C F, CAGLAYAN M, RASHID A. Capital structure adjustments: do macroeconomic and business risks matter? [J]. Empirical Economics, 2017, 53 (4): 1463-1502.

[21] BAXTER N D. Leverage, risk of ruin and the cost of capital [J]. The Journal of Finance, 1967, 22 (3): 395-403.

[22] BECKER B, GERHART B. The impact of human resource management on organizational performance: progress and prospects [J]. Academy of Management Journal, 1996, 39 (4): 779-801.

［23］ BELENZON S，TSOLMON U. Market frictions and the competitive advantage of internal labor markets［J］. Strategic Management Journal，2016，37（7）：1280-1303.

［24］ BENMELECH E，KANDEL E，VERONESI P. Stock-based compensation and CEO（DIS）incentives［J］. The Quarterly Journal of Economics，2010，125（4）：1769-1820.

［25］ BENNETT B，BETTIS J C，GOPALAN R，et al. Compensation goals and firm performance［J］. Journal of Financial Economics，2017，124（2）：307-330.

［26］ BERGER P，OFEK E，YERMACK D. Managerial entrenchment and capital structure decisions［J］. Journal of Finance，1997（52）：1411-1437.

［27］ BERLE A A，MEANS G C. The modem corporation and private property［M］. New York：Macmillan，1932.

［28］ BERNANKE B. Monetary policy and the economic outlook：2004. Federal Reserve Board Speech delivered at the Meetings of the American Economic Association，San Diego，California［EB/OL］.（2004-01-04）. http：//www. federalreserve. gov/boarddocs/speeches/2004/20040104/default. htm.

［29］ BERTRAND M，MULLAINATHAN S. Enjoying the quiet life? Corporate governance and managerial preferences［J］. Journal of Political Economy，2003，111（5）：1043-1075.

［30］ BERTRAND M，SCHOAR A. Managing with style：the effect of managers on firm policies［J］. Quarterly Journal of Economics，2003，118（4）：1169-1208.

［31］ BHATTACHARYA U，DAOUK H. The world price of insider trading［J］. The Journal of Finance，2002，57（1）：75-108.

［32］ BLOOM N，BOND S，VAN REENEN J. Uncertainty and investment dynamics［J］. Review of Economic Studies，2007，74（2）：391-415.

［33］ BOERI T，GARIBALDI P，MOEN E R. Financial shocks and labor：facts and theories［J］. IMF Economic Review，2013，61（4）：631-663.

［34］ BOLLAZZI F，RISALVATO G，VENEZIA C. Asymmetric information and deal selection：evidence from the Italian venture capital market［J］. International Entrepreneurship and Management Journal，2019，15（3）：721-732.

［35］ BOUSTANIFAR H. Finance and employment：evidence from US banking reforms [J]. Journal of Banking & Finance, 2014, 46: 343-354.

[36] BRENNAN M J, SCHWARTZ E S. Corporate income taxes, valuation, and the problem of optimal capital structure [J]. Journal of Business, 1978, 51 (1): 103-114.

[37] BROCKMAN P, CHUNG D Y. Investor protection and firm liquidity [J]. Journal of Finance, 2003 (58): 921-938.

[38] BRYAN S, HWANG L S, LILIEN S. CEO stock-based compensation: an empirical analysis of incentive -intensity, relative mix and economic determinants [J]. The Journal of Business, 2000, 73 (4): 661-693.

[39] BUSHEE B J, CORE J E, GUAY W, et al. The role of the business press as an information intermediary [J]. Journal of Accounting Research, 2010, 48 (1): 1-19.

[40] BUSHMAN R M, SMITH A J. Financial accounting information and corporate governance [J]. Journal of Accounting and Economics, 2001, 32 (1-3): 237-333.

[41] BYOUN S. How and when do firms adjust their capital structures toward targets? [J]. Journal of Finance, 2008, 63 (6): 3069-3096.

[42] CAMPELLO M, GRAHAM J R, HARVEY C R. The real effects of financial constraints: evidence from a financial crisis [J]. Journal of Financial Economics, 2010, 97 (3): 470-487.

[43] CESTONE G, FUMAGALLI C, KRAMARZ F, et al. Insurance between firms: the role of internal labor markets [R]. Baffi Carefin Centre Research Paper, 2018.

[44] CHAN K, CHEN H K, HU S Y, et al. Share pledges and margin call pressure [J]. Journal of Corporate Finance, 2018 (52): 96-117.

[45] CHANG Y K, CHEN Y L, CHOU R K, et al. Corporate governance, product market competition and dynamic capital structure [J]. International Review of Economics & Finance, 2015 (38): 44-55.

[46] CHANG Y K, CHOU R K, HUANG T H. Corporate governance and the dynamics of capital structure: new evidence [J]. Journal of Banking & Finance, 2014, 48 (11): 374-385.

[47] CHEN D, LI O Z, XIN F. Five-year plans, China finance and their consequences [J]. China Journal of Accounting Research, 2017 (3): 189-226.

[48] CHEN H. Macroeconomic conditions and the puzzles of credit spreads and capital structure [J]. Journal of Finance, 2010, 65 (6): 2171-2212.

[49] CHEN Y R, MA Y. Revisiting the risk-taking effect of executive stock options on firm performance [J]. Journal of Business Research, 2011, 64 (6): 640-648.

[50] CHEN Z, HUANG Y, K C JOHN WEI. Executive pay disparity and the cost of equity capital [J]. Journal of Financial and Quantitative Analysis, 2013, 48 (3): 849-885.

[51] CHENG Q, WARFIELD T D. Equity incentives and earnings management [J]. The Accounting Review, 2005, 80 (2): 441-476.

[52] CHODOROW-REICH G. The employment effects of credit market disruptions: firm-level evidence from the 2008-9 financial crisis [J]. Quarterly Journal of Economics, 2014, 129 (1): 1-59.

[53] CLAESSENS S, DJANKOV S, LANG L H P. The separation of ownership and control in east Asian corporations [J]. Journal of Financial Economics, 2000, 58 (2): 81-112.

[54] COBB C W, DOUGLAS P H. A theory of production [J]. The American Economic Review, 1928, 18 (1): 139-165.

[55] COLES J L, DANIEL N D, NAVEEN L. Managerial incentives and risk-taking [J]. Journal of Financial Economics, 2005, 79 (2): 431-468.

[56] COLLINS D, FLEISCHMAN G, KADEN S. How powerful CFOs camouflage and exploit equity-based incentive compensation [J]. Journal of Business Ethics, 2017, 28 (3): 1-23.

[57] COOK D O, TANG T. Macroeconomic conditions and capital structure adjustment speed [J]. Journal of Corporate Finance, 2010, 16 (1): 73-87.

[58] CUNY C J, MARTIN G S, PUTHENPURACKAL J J. Stock options and total payout [J]. Journal of Financial and Quantitative Analysis, 2009, 44 (2): 391-410.

[59] CUSTÓDIO C, METZGER D. Financial expert CEOs: CEOs work experience and firms financial policies [J]. Journal of Financial Economics, 2014, 114 (1): 125-154.

[60] DANG V A, KIM M, SHIN Y. Asymmetric adjustment toward optimal capital structure: evidence from a crisis [J]. International Review of Financial

Analysis, 2014, 33 (5): 226-242.

[61] DASKALAKIS N, BALIOS D, DALLA V. The behaviour of SMEs capital structure determinants in different macroeconomic states [J]. Journal of Corporate Finance, 2017 (46): 248-260.

[62] DE WEERDT J, GENICOT G, MESNARD A. Asymmetry of information within family networks [J]. Journal of Human Resources, 2019, 54 (1): 225-254.

[63] DEFUSCO R A, ZORN T S, JOHNSON R R. The association between executive stock option plan changes and managerial decision making [J]. Financial Management, 1991, 20 (1): 36-43.

[64] DIAMOND D W. Financial intermedation and delegated monitoring [J]. Review of Economic Studies, 1984, 51 (3): 393-414.

[65] DIXIT A. Investment and employment dynamics in the short run and the long run [J]. Oxford Economic Papers, 1997, 49 (1): 1-20.

[66] DIXIT A. Power of incentives in private versus public organizations [J]. The American Economic Review, 1997, 87 (2): 378-382.

[67] DONG J, GOU Y. Corporate governance structure, managerial discretion, and the R&D investment in China [J]. International Review of Economics & Finance, 2010, 19 (2): 180-188.

[68] DONG Z, WANG C, XIE F. Do executive stock options induce excessive risk taking? [J]. Journal of Banking and Finance, 2010, 34 (10): 2518-2529.

[69] DROBETZ W, WANZENRIED G. What determines the speed of adjustment to the target capital structure? [J]. Applied Financial Economics, 2006, 16 (13): 941-958.

[70] DUCHIN R, SOSYURA D. The politics of government investment [J]. Journal of Financial Economics, 2011, 106 (1): 24-48.

[71] DYCK A, VOLCHKOVA N, ZINGALES L. The corporate governance role of the media: evidence from Russia [J]. The Journal of Finance, 2008, 63 (3): 1093-1135.

[72] ERICKSON M, HANLON M, MAYDEW E L. Is there a link between executive equity incentives and accounting fraud? [J]. Journal of Accounting Research, 2006, 44 (1): 113-143.

[73] FACCIO M, LANG L H P. The ultimate ownership of western European corporations [J]. Journal of Financial Economics, 2002, 65 (3): 365-395.

[74] FACCIO M, MASULIS R W, MCCONNELL J J. Political connections and corporate bailouts [J]. The Journal of Finance, 2006, 61 (6): 2597-2635.

[75] FACCIO M, O'BRIEN W J. Business groups and employment [J]. Management Science, 2021, 67 (6): 3468-3491.

[76] FAN J P, WONG T J. Corporate ownership structure and the informativeness of accounting earnings in East Asia [J]. Journal of Accounting & Economics, 2002, 33 (3): 401-425.

[77] FANG H, NOFSINGER J R, QUAN J. The effects of employee stock option plans on operating performance in Chinese firms [J]. Journal of Banking & Finance, 2015 (54): 141-159.

[78] FANG L H, PERESS J. Media coverage and the cross-section of stock returns [J]. Journal of Finance, 2009, 64 (5): 2023-2052.

[79] FAULKENDER M, FLANNERY M J, HANKINS K W, et al. Cash flows and leverage adjustments [J]. Journal of Financial Economics, 2012, 103 (3): 632-646.

[80] FISCHER E O, ZECHNER H J. Dynamic capital structure choice: theory and tests [J]. The Journal of Finance, 1989, 44 (1): 19-40.

[81] FLANNERY M J, HANKINS K W. Estimating dynamic panel models in corporate finance [J]. Journal of Corporate Finance, 2013, 19 (1): 1-19.

[82] FLANNERY M J, RANGAN K P. Partial adjustment toward target capital structures [J]. Journal of Financial Economics, 2006, 79 (3): 469-506.

[83] GE W, KIM J B, SONG B Y. Internal governance, legal institutions and bank loan contracting around the world [J]. Journal of Corporate Finance, 2012, 18 (3): 413-432.

[84] GHALY M, DANG V, STATHOPOULOS K. Institutional investors' horizons and corporate employment decisions [R]. Working Paper, Lancaster University, 2017.

[85] GOLDMAN E, ROCHOLL J, SO J. Do politically connected boards affect firm value? [J]. Review of Financial Studies, 2009, 22 (6): 2331-2360.

[86] GRAHAM J R, HARVEY C R, PURI M. Managerial attitudes and corporate actions [J]. Journal of Financial Economics, 2013, 109 (1): 103-121.

[87] GRAHAM J R, HARVEY C R. The theory and practice of corporate finance: evidence from the field [J]. Journal of Financial Economics, 2001, 60 (2): 187-243.

[88] GREENWALD B C, STIGLITZ J E. Externalities in economies with imperfect information and incomplete markets [J]. Quarterly Journal of Economics, 1986, 101 (2): 229-264.

[89] GROSSMAN S J, HART O D. One share-one vote and the market for corporate control [J]. Journal of Financial Economics, 1988 (20): 175-202.

[90] GROSSMAN S J, HART O D. The costs and benefits of ownership: a theory of vertical and lateral integration [J]. Journal of Political Economy, 1986, 94 (4): 691-719.

[91] GUZMAN M G. Bank structure, capital accumulation and growth: a simple macroeconomic model [J]. Economic Theory, 2000, 16 (2): 421-455.

[92] HACKBARTH D, MIAO J, MORELLEC E. Capital structure, credit risk, and macroeconomic conditions [J]. Journal of Financial Economics, 2006, 82 (3): 519-550.

[93] HALE G. Prospects for china's corporate bond market [J]. FRBSF Economic Letter, 2007 (7): 1-3.

[94] HAMERMESH D S. Labor demand and the structure of adjustment costs [J]. The American Economic Review, 1989, 12 (2): 674-689.

[95] HAMERMESH D S. What do we know about worker displacement in the US? [J]. Industrial Relations: A Journal of Economy and Society, 1989, 28 (1): 51-59.

[96] HANLON M, RAJGOPAL S, SHEVLIN T. Are executive stock options associated with future earnings? [J]. Journal of Accounting and Economics, 2003, 36 (1-3): 3-43.

[97] HARRIS M, RAVIV A. Capital structure and the informational role of debt [J]. Journal of Finance, 1990, 45 (2): 321-349.

[98] HART O, MOORE J. Property rights and the nature of the firm [J]. Journal of Political Economy, 1990, 98 (6): 1119-1158.

[99] HASELMANN R, PISTOR K, VIG V. How law affects lending [J]. Review of Financial Studies, 2010, 23 (2): 549-580.

[100] HOLMSTRÖM B. Moral hazard and observability [J]. Bell Journal of Economics, 1979, 10 (1): 74-91.

[101] HOVAKIMIAN A, OPLER T, TITMAN S. The debt-equity choice [J]. Journal of Financial and Quantitative Analysis, 2001, 36 (1): 1-24.

[102] HU A, KUMAR P. Managerial entrenchment and payout policy [J]. Journal of Financial and Quantitative Analysis, 2004, 39 (4): 759-790.

[103] HUANG Z, XUE Q. Re-examination of the effect of ownership structure on financial reporting: evidence from share pledges in China [J]. China Journal of Accounting Research, 2016, 9 (2): 137-152.

[104] HUBBARD T N. An empirical examination of moral hazard in the vehicle inspection market [J]. RAND Journal of Economics, 1998, 29 (2): 406-426.

[105] HUGONNIER J, MALAMUD S, MORELLEC E. Credit market frictions and capital structure dynamics [J]. Journal of Economic Theory, 2015 (157): 1130-1158.

[106] JALILVAND A, HARRIS R S. Corporate behavior in adjusting to capital structure and dividend targets: an econometric study [J]. Journal of Finance, 1984, 39 (1): 127-145.

[107] JENSEN M C, MECKLING W H. Theory of firm: managerial behaviour, agency costs and capital structure [J]. Journal of Financial Economics, 1976 (3): 305-360.

[108] JENSEN M C, MURPHY K J. CEO incentives-its not how much you pay, but how [J]. Harvard Business Review, 1990, 68 (3): 138-149.

[109] JENSEN M C. Agency costs of free cash flow, corporate finance, and takeovers [J]. American Economic Review, 1986, 76 (2): 323-329.

[110] JIANG F, JIANG Z, HUANG J, et al. Bank competition and leverage adjustments [J]. Financial Management, 2017, 46 (4): 995-1022.

[111] JOHNSON S, PORTA R L, LOPEZ-DE-SILANES F. Tunneling [J]. American Economic Review, 2000, 90 (2): 22-27.

[112] KANE A, MARCUS A J, MCDONALD R L. How big is the tax advantage to debt? [J]. The Journal of Finance, 1984, 39 (3): 841-853.

[113] KOLE S R, LEHN K M. Deregulation and the adaptation of governance structure: the case of the US airline industry [J]. Journal of Financial Economics, 1999, 52 (1): 79-117.

[114] KOUKI M, GUIZANI M. Ownership structure and dividend policy evidence from the Tunisian stock market [J]. European Journal of Scientific Research, 2009, 25 (1): 42-53.

[115] KRAUS A, LITZENBERGER R H. A state－preference model of optimal financial leverage [J]. Journal of Finance, 1973, 28 (4): 911-922.

[116] LA PORTA R, LOPEZ-DE-SILANES F, SHLEIFER A, et al. Legal determinants of external finance [J]. Journal of Finance, 1997 (52): 1131-1150.

[117] LA PORTA RAFAEL, FLORENCIO LOPEZ-DE-SILANES, ANDREI SHLEIFER. Corporate ownership around the world [J]. Journal of Finance, 1999, 54 (2): 471-517.

[118] LAEVEN L. Does judicial efficiency lower the cost of credit? [J]. Journal of Banking & Finance, 2016, 29 (7): 1791-1812.

[119] LAMBERT R A, LANEN W N, LARCKER D F. Executive stock option plans and corporate dividend policy [J]. Journal of Financial and Quantitative Analysis, 1989, 24 (4): 409-425.

[120] LANDIER A, NAIR V B, WULF J. Trade-offs in staying close: corporate decision making and geographic dispersion [J]. The Review of Financial Studies, 2009, 22 (3): 1119-1148.

[121] LEARY M T, ROBERTS M R. Do firms rebalance their capital structures? [J]. The Journal of Finance, 2005, 60 (6): 2575-2619.

[122] LEARY M T. Bankloan supply, lender choice, and corporate capital structure [J]. The Journal of Finance, 2009, 64 (3): 1143-1185.

[123] LEMMON M L, LINS K V. Ownership structure, corporate governance, and firm value: evidence from the East Asian financial crisis [J]. The Journal of Finance, 2003, 58 (4): 1445-1468.

[124] LEMMON M L, ROBERTS M R, ZENDER J F. Back to the beginning: persistence and the cross－section of corporate capital structure [J]. Journal of Finance, 2008, 63 (4): 1575-1608.

[125] LEON, FLORIAN. Does bank competition alleviate credit constraints in developing countries? [J]. Journal of Banking & Finance, 2015 (57): 130-142.

[126] LEPETIT L, SAGHI-ZEDEK N, TARAZI A. Excess control rights, bank capital structure adjustments, and lending [J]. Journal of Financial Economics, 2015, 115 (3): 574-591.

[127] LIAN Y, SU Z, GU Y. Evaluating the effects of equity incentives using psm: evidence from China [J]. Frontiers of Business Research in China, 2011, 5 (2): 266-290.

[128] LIAO L K, MUKHERJEE T, WANG W. Corporate government and capital structure dynamics: an empirical study [J]. Journal of Financial Research, 2015, 38 (2): 169-192.

[129] LILJEBLOM E, PASTERNACK D. Share repurchases, dividends and executive options: the effect of dividend protection [J]. European Financial Management, 2006, 12 (1): 7-28.

[130] LIN C, MA Y, MALATESTA P H, et al. Corporate ownership structure and the choice between bank debt and public debt [J]. Journal of Financial Economics, 2013, 109 (2): 517-534.

[131] LIN C, MA Y, MALATESTA P, et al. Ownership structure and the cost of corporate borrowing [J]. Journal of Financial Economics, 2011, 99 (1): 1-23.

[132] MAJIĆ T, PONGRAC B, RICHTER G. Information asymmetry and moral hazard in financial economics [J]. Tehnički Glasnik, 2015, 9 (2): 209-215.

[133] MAKRI M, LANE P J, GOMEZ-MEJIA L R. CEO incentives, innovation, and performance in technology-intensive firms: a reconciliation of outcome and behavior-based incentive schemes [J]. Strategic Management Journal, 2006, 27 (11): 1057-1080.

[134] MASULIS R W, WANG C, XIE F. Agency problems at dual-class companies [J]. The Journal of Finance, 2009, 64 (4): 1697-1727.

[135] MCKINNON R I, PILL H. International overborrowing: a decomposition of credit and currency risks [J]. World Development, 1998, 26 (7): 1267-1282.

[136] MEHRAN H. Executive compensation structure, ownership, and firm performance [J]. Journal of Financial Economics, 1995, 38 (2): 163-184.

[137] MINTON B A, SCHRAND C M. The impact of cash flow volatility on discretionary investment and the costs of debt and equity financing [J]. Journal of Financial Economics, 1999, 54 (3): 423-460.

[138] MODIGLIANI F, MILLER M H. Corporate income taxes and the cost of capital: a correction [J]. The American Economic Review, 1963, 53 (3): 433-443.

[139] MODIGLIANI F, MILLER M H. The cost of capital, corporation finance and the theory of investment [J]. The American Economic Review, 1958, 48 (3): 261-297.

[140] MORELLEC E, NIKOLOV B, SCHÜRHOFF N. Corporate governance and capital structure dynamics [J]. Journal of Finance, 2012, 67 (3): 803-848.

[141] MYERS S C. Capital structure puzzle [J]. Journal of Finance, 1984, 39 (3): 575-592.

[142] NICKELL S, NICOLITSAS D. How does financial pressure affect firms? [J]. European Economic Review, 1999, 43 (8): 1435-1456.

[143] OPIE W, TIAN G G, ZHANG H F. Corporate pyramids, geographical distance, and investment efficiency of Chinese state - owned enterprises [J]. Journal of Banking & Finance, 2019, 99: 95-120.

[144] PAGANO M, AILSA A. Röell. The choice of stock ownership structure: agency costs, monitoring, and the decision to go public [J]. Quarterly Journal of Economics, 1998, 113 (1): 187-225.

[145] PALIA D, LICHTENBERG F. Managerial ownership and firm performance: a re-examination using productivity measurement [J]. Journal of Corporate Finance, 1999, 5 (4): 323-339.

[146] PANOUSI V, PAPANIKOLAOU D. Investment, idiosyncratic risk, and ownership [J]. The Journal of Finance, 2012, 67 (3): 1113-1148.

[147] PERESS J, FANG L H. Media coverage and the cross-section of stock returns [J]. The Journal of Finance, 2008, 64 (5): 2023-2052.

[148] PERRY T, SHIVDASANI A. Do boards affect performance? Evidence from corporate restructuring [J]. The Journal of Business, 2005, 78 (4): 1403-1432.

[149] PFEFFER J. When it comes to "best practices": why do smart organizations occasionally do dumb things? [J]. Organizational Dynamics, 1996, 25 (1): 33-44.

[150] PINNUCK M, LILLIS A M. Profits versus losses: does reporting an accounting loss act as a heuristic trigger to exercise the abandonment option and divest employees? [J]. The Accounting Review, 2007, 82 (4): 1031-1053.

[151] PORTA R L, LOPEZ-DE-SILANES F, SHLEIFER A, et al. Law and finance [J]. Journal of Political Economy, 1998, 106: 1113-1155.

[152] PÁSTOR L, VERONESI P. Political uncertainty and risk premia [J]. Journal of Financial Economics, 2013, 110 (3): 520-545.

[153] PÁSTOR L, VERONESI P. Uncertainty about government policy and stock prices [J]. The Journal of Finance, 2012, 67 (4): 1219-1264.

[154] ROYCHOWDHURY S. Earnings management through real activities manipulation [J]. Journal of Accounting and Economics, 2006, 42 (3): 335-370.

[155] SANJAI B, ROBERTA R. Reforming executive compensation: simplicity, transparency and committing to the long-term [J]. European Company and Financial Law Review, 2010, 7 (2): 273-296.

[156] SHAW K W. CEO incentives and the cost of debt [J]. Review of Quantitative Finance and Accounting, 2012, 38 (3): 323-346.

[157] SHUE K, TOWNSEND R R. How do quasi-random option grants affect ceo risk-taking? [J]. The Journal of Finance, 2017, 72 (6): 2551-2588.

[158] SMITH J A, TODD P. Does matching overcome lalonde's critique of non-experimental estimators? [J]. Journal of Econometrics, 2005, 125 (1): 305-353.

[159] STIGLITZ J E. Approaches to the economics of discrimination [J]. American Economic Review, 1973, 63 (2): 287-295.

[160] STIGLIZ J E, WEISS A. Credit rationing in markets with incomplete information [J]. American Economic Review, 1981, 71 (3): 393-410.

[161] STÜRMER T, JOSHI M, GLYNN R J, et al. A review of the application of propensity score methods yielded increasing use, advantages in specific settings, but not substantially different estimates compared with conventional multivariable methods [J]. Journal of Clinical Epidemiology, 2006, 59 (5): 437.

[162] TIEN C, CHEN C N. Myth or reality? Assessing the moderating role of CEO compensation on the momentum of innovation in R&D [J]. The International Journal of Human Resource Management, 2012, 23 (13): 2763-2784.

[163] TRAN D H. Multiple corporate governance attributes and the cost of capital: evidence from Germany [J]. British Accounting Review, 2014, 46 (2): 179-197.

[164] VELTRI S, SILVESTRI A. Direct and indirect effects of human capital on firm value: evidence from Italian companies [J]. Journal of Human Resource Costing & Accounting, 2011, 15 (3): 232-254.

[165] WALLER M J, HUBER G P, GLICK W H. Functional background as a determinant of executives' selective perception [J]. Academy of Management Journal, 1995, 38 (4): 943-974.

[166] WANZENRIED G. Capital structure dynamics in the UK and continental Europe [J]. European Journal of Finance, 2006, 12 (8): 693-716.

［167］ WRIGHT P， KROLL M， LADO A， et al. The structure of ownership and corporate acquisition strategies ［J］. Strategic Management Journal， 2002， 23 (1)： 41-53.

［168］ YEH Y， KO C S Y. Ultimate control and expropriation of minority shareholders： new evidence from Taiwan ［J］. Academia Economic Papers， 2003， 31 (3)： 263-299.

［169］ ZAHRA S， PEARCE J. Boards of directors and corporate financial performance： a review and integrative model ［J］. Journal of Management， 1989 (15)： 291-334.

［170］ ZHANG H， GAO S， SEILER M J， et al. The effect of credit crunches and equity financing restrictions on the capital structure adjustments of Chinese listed real estate companies ［J］. Emerging Markets Finance & Trade， 2015， 51 (5)： 21-32.

［171］ ZINGALES L. In search of new foundations ［J］. The Journal of Finance， 2000， 55 (4)： 1623-1653.

［172］ ZWIEBEL J. Dynamic capital structure under managerial entrenchment ［J］. American Economic Review， 1996， 86 (5)： 1197-1215.

［173］ ÖZTEKIN Ö， FLANNERY M J. Institutional determinants of capital structure adjustment speeds ［J］. Journal of Financial Economics， 2012， 103 (1)： 88-112.

［174］ 艾大力，王斌．论大股东股权质押与上市公司财务：影响机理与市场反应［J］. 北京工商大学学报（社会科学版），2012，27（4）：72-76.

［175］ 巴泽尔．产权的经济分析［M］. 上海：上海人民出版社，1997.

［176］ 陈德萍，陈永圣．股权集中度、股权制衡度与公司绩效关系研究：2007~2009年中小公司板块的实证检验［J］. 会计研究，2011（1）：40-45.

［177］ 陈德萍，陆星廷．股权质押与盈余管理的关系研究：基于创业板上市公司的实证检验［J］. 会计研究，2017（5）：47-52.

［178］ 陈红，郭丹．股权激励计划：工具还是面具?：上市公司股权激励、工具选择与现金股利政策［J］. 经济管理，2017（2）：87-101.

［179］ 陈乾坤，卞曰瑭．股权制衡、代理成本与公司绩效：基于我国A股民营上市公司的实证分析［J］. 科学决策，2015（5）：79-97.

［180］ 陈仕华，李维安．中国上市公司股票期权：大股东的一个合法性“赎买”工具［J］. 经济管理，2012，495（3）：50-59.

[181] 陈文强，贾生华．股权激励、代理成本与企业绩效：基于双重委托代理问题的分析框架 [J]．当代经济科学，2015，37 (2)：106-113.

[182] 陈志军，赵月皎，刘洋．不同制衡股东类型下股权制衡与研发投入：基于双重代理成本视角的分析 [J]．经济管理，2016 (3)：57-66.

[183] 董艳，李凤．管理层持股、股利政策与代理问题 [J]．经济学 (季刊)，2011，10 (3)：1015-1038.

[184] 冯根福．双重委托代理理论：上市公司治理的另一种分析框架：兼论进一步完善中国上市公司治理的新思路 [J]．经济研究，2004 (12)：16-25.

[185] 龚朴，张兆芹．资本结构动态调整速度的异质性研究 [J]．管理评论，2014，26 (9)：11-21.

[186] 郭雪萌，梁彭，解子睿．高管薪酬激励、资本结构动态调整与公司绩效 [J]．山西财经大学学报，2019 (4)：78-91.

[187] 郝项超，梁琪．最终控制人股权质押损害公司价值么？[J]．会计研究，2009 (7)：57-63.

[188] 何威风，刘怡君，吴玉宇．大股东股权质押和公司风险承担研究 [J]．中国软科学，2018 (5)：110-122.

[189] 胡国强，盖地．高管股权激励与银行信贷决策：基于我国民营上市公司的经验证据 [J]．会计研究，2014 (4)：58-65.

[190] 黄继承，姜付秀．产品市场竞争与资本结构调整速度 [J]．世界经济，2015 (7)：99-119.

[191] 黄继承，阚铄，朱冰，等．经理薪酬激励与资本结构动态调整 [J]．管理世界，2016 (11)：156-171.

[192] 黄继承，朱冰，向东．法律环境与资本结构动态调整 [J]．管理世界，2014 (5)：142-156.

[193] 黄志忠，韩湘云．大股东股权质押、资金侵占与盈余管理 [J]．当代会计评论，2014 (2)：19-34.

[194] 姜付秀，黄继承．CEO 财务经历与资本结构决策 [J]．会计研究，2013 (5)：27-34.

[195] 姜付秀，黄继承．市场化进程与资本结构动态调整 [J]．管理世界，2011 (3)：124-134.

[196] 解维敏，魏化倩．市场竞争、组织冗余与公司研发投入 [J]．中国软科学，2016 (8)：102-111.

［197］康玲．股权激励对公司股价的影响研究［J］．财会通讯，2015，36（8）：29-31.

［198］柯艳蓉，李玉敏．控股股东股权质押、投资效率与公司期权价值［J］．经济管理，2019，41（12）：123-139.

［199］况学文，马肖红，王雯婷．公司治理质量与资本结构动态调整［J］．南大商学评论，2017（1）：121-140.

［200］李常青，李宇坤，李茂良．控股股东股权质押与公司创新投入［J］．金融研究，2018，457（7）：143-157.

［201］李常青，幸伟．控股股东股权质押影响高管薪酬—业绩敏感性吗？［J］．经济管理，2018，40（5）：159-176.

［202］李常青，幸伟．控股股东股权质押与上市公司信息披露［J］．统计研究，2017，34（12）：75-86.

［203］李丹蒙，万华林．股权激励契约特征与公司创新［J］．经济管理，2017，39（10）：156-172.

［204］李琳，刘凤委，卢文彬．基于公司业绩波动性的股权制衡治理效应研究［J］．管理世界，2009（5）：145-151.

［205］李培功，沈艺峰．媒体的公司治理作用：中国的经验证据［J］．经济研究，2010（4）：14-27.

［206］李瑞涛，酒莉莉．控股股东股权质押会“诱发”上市公司违规吗？［J］．产业经济评论，2018（1）：95-116.

［207］李四海，李娜娜．盈余信息透明度与资本结构动态调整［J］．数理统计与管理，2018（5）：927-939.

［208］李永伟，李若山．上市公司股权质押下的“隧道挖掘”：明星电力资金黑洞案例分析［J］．财务与会计，2007（1）：39-42.

［209］李悦，熊德华，张峥，等．公司财务理论与公司财务行为：来自167家中国上市公司的证据［J］．管理世界，2007（11）：108-118.

［210］李增泉．激励机制与企业绩效：一项基于上市公司的实证研究［J］．会计研究，2000（1）：24-30.

［211］连玉君，钟经樊．中国上市公司资本结构动态调整机制研究［J］．南方经济，2007（1）：23-28.

［212］廖珂，崔宸瑜，谢德仁．控股股东股权质押与上市公司股利政策选择［J］．金融研究，2018，454（4）：172-189.

［213］林慧婷，何玉润，王茂林，等．媒体报道与公司资本结构动态调

整［J］. 会计研究，2016（9）：41–46.

［214］凌鸿程. 分析师跟踪与资本结构动态调整［J］. 财经论丛，2018，235（7）：62–71.

［215］刘井建，纪丹宁，王健. 高管股权激励计划、合约特征与公司现金持有［J］. 南开管理评论，2017，20（1）：43–56.

［216］柳建华，魏明海，郑国坚. 大股东控制下的关联投资："效率促进"抑或"转移资源"［J］. 管理世界，2008（3）：133–141.

［217］陆正飞，高强. 中国上市公司融资行为研究：基于问卷调查的分析［J］. 会计研究，2003（10）：16–24.

［218］吕长江，张海平. 股权激励计划对公司投资行为的影响［J］. 管理世界，2011（11）：118–126.

［219］吕长江，张海平. 上市公司股权激励计划对股利分配政策的影响［J］. 管理世界，2012（11）：133–143.

［220］吕长江，郑慧莲，严明珠，等. 上市公司股权激励制度设计：是激励还是福利？［J］. 管理世界，2009（9）：133–147.

［221］罗富碧，冉茂盛，杜家廷. 高管人员股权激励与投资决策关系的实证研究［J］. 会计研究，2008（8）：69–76.

［222］罗进辉. 媒体报道的公司治理作用：双重代理成本视角［J］. 金融研究，2012（10）：153–166.

［223］玛格利特·M. 布莱尔. 所有权与控制［M］. 北京：中国社会科学出版社，1999.

［224］欧阳才越，谢妍，熊家财. 控股股东股权质押与新发行公司债券定价［J］. 山西财经大学学报，2018，40（1）：26–38.

［225］潘临，张龙平，欧阳才越. 控股股东股权质押与商业信用融资：基于内部控制质量和审计质量的考量［J］. 财经理论与实践，2018，39（4）：80–87.

［226］钱爱民，张晨宇. 股权质押与信息披露策略［J］. 会计研究，2018（12）：34–40.

［227］汝毅，郭晨曦，吕萍. 高管股权激励、约束机制与对外直接投资速率［J］. 财经研究，2016，42（3）：4–15.

［228］盛明泉，戚昊辰. 高管薪酬差距与资本结构动态调整研究［J］. 商业经济与管理，2014（12）：32–38.

［229］盛明泉，张春强，王烨. 高管股权激励与资本结构动态调整［J］.

会计研究，2016（2）：44-50.

［230］宋献中，吴一能，宁吉安．货币政策、公司成长性与资本结构动态调整［J］．国际金融研究，2014，331（11）：46-55.

［231］宋岩，宋爽．股权质押与市值管理：基于中国沪深股市A股上市公司的实证检验［J］．中国管理科学，2019，27（6）：10-20.

［232］苏冬蔚，林大庞．股权激励、盈余管理与公司治理［J］．经济研究，2010（11）：88-100.

［233］孙健．终极控制权与资本结构的选择：来自沪市的经验证据［J］．管理科学，2008，21（2）：18-25.

［234］谭燕，吴静．股权质押具有治理效用吗？：来自中国上市公司的经验证据［J］．会计研究，2013（2）：45-53.

［235］唐玮，夏晓雪，姜付秀．控股股东股权质押与公司融资约束［J］．会计研究，2019（6）：51-57.

［236］田利辉，曲韵．国有产权、掏空动机与公司表现：以金融危机为背景［J］．山东大学学报（哲学社会科学版），2014（2）：33-44.

［237］童勇．资本结构的动态调整和影响因素［J］．财经研究，2004，30（10）：96-104.

［238］王斌，蔡安辉，冯洋．大股东股权质押、控制权转移风险与公司业绩［J］．系统工程理论与实践，2013，33（7）：1762-1773.

［239］王朝阳，张雪兰，包慧娜．经济政策不确定性与公司资本结构动态调整及稳杠杆［J］．中国工业经济，2018，369（12）：136-153.

［240］王栋，吴德胜．股权激励与风险承担：来自中国上市公司的证据［J］．南开管理评论，2016，19（3）：157-167.

［241］王化成，王欣，高升好．控股股东股权质押会增加企业权益资本成本吗？：基于中国上市公司的经验证据［J］．经济理论与经济管理，2019（11）：14-31.

［242］王克敏，陈井勇．股权结构、投资者保护与公司绩效［J］．管理世界，2004（7）：127-133.

［243］王克敏，刘静，李晓溪．产业政策、政府支持与公司投资效率研究［J］．管理世界，2017（3）：113-145.

［244］王雄元，欧阳才越，史震阳．股权质押、控制权转移风险与税收规避［J］．经济研究，2018（1）：138-152.

［245］王岩．股权融资管制对公司资本结构动态调整的影响［J］．上海

金融，2018，455（6）：5-14.

［246］王燕妮．高管激励对研发投入的影响研究：基于我国制造业上市公司的实证检验［J］．科学学研究，2011，29（7）：1071-1078.

［247］魏志华，曾爱民，李博．金融生态环境与企业融资约束：基于中国上市公司的实证研究［J］．会计研究，2014（5）：73-80.

［248］文雯，陈胤默，黄雨婷．控股股东股权质押对公司创新的影响研究［J］．管理学报，2018，15（7）：998-1008.

［249］巫岑，黎文飞，唐清泉．产业政策与公司资本结构调整速度［J］．金融研究，2019（4）：92-110.

［250］武力超，乔鑫皓，韩华桂，钟莹霞．公司治理对公司资本结构动态调整速率的影响［J］．经济与管理研究，2017（8）：94-104.

［251］夏鑫，杨金强．非完备市场下控制权私利和公司资本结构［J］．中国管理科学，2017（10）：34-44.

［252］肖明，常乐，崔超．上市公司自由现金流与资本结构动态调整研究［J］．科研管理，2015，36（11）：107-116.

［253］肖淑芳，张超．上市公司股权激励、行权价操纵与送转股［J］．管理科学，2009，22（6）：84-94.

［254］肖淑芳，刘颖，刘洋．股票期权实施中经理人盈余管理行为研究：行权业绩考核指标设置角度［J］．会计研究，2013（12）：40-46.

［255］肖淑芳，石琦，王婷，等．上市公司股权激励方式选择偏好：基于激励对象视角的研究［J］．会计研究，2016（6）：55-62.

［256］肖淑芳，喻梦颖．股权激励与股利分配：来自中国上市公司的经验证据［J］．会计研究，2012（8）：49-57.

［257］肖土盛，宋顺林，李路．信息披露质量与股价崩盘风险：分析师预测的中介作用［J］．财经研究，2017，43（2）：112-123.

［258］肖作平．所有权和控制权的分离度、政府干预与资本结构选择：来自中国上市公司的实证证据［J］．南开管理评论，2010，13（5）：144-152.

［259］肖作平．终极所有权结构对权益资本成本的影响：来自中国上市公司的经验证据［J］．管理科学学报，2016，19（1）：72-86.

［260］谢辰，应惟伟，彭梓倩．高管薪酬与资本结构动态调整［J］．经济评论，2019，215（1）：121-132.

［261］谢德仁，陈运森．业绩型股权激励、行权业绩条件与股东财富增长［J］．金融研究，2010（12）：99-114.

［262］谢德仁，廖珂．控股股东股权质押与上市公司真实盈余管理［J］．会计研究，2018（8）：22-28.

［263］谢德仁，汤晓燕．股利保护、股权激励工具选择与公司现金股利政策［J］．投资研究，2014（2）：77-88.

［264］谢德仁，郑登津，崔宸瑜．控股股东股权质押是潜在的“地雷”吗?：基于股价崩盘风险视角的研究［J］．管理世界，2016（5）：128-140.

［265］辛清泉，郑国坚，杨德明．企业集团、政府控制与投资效率［J］．金融研究，2007（10A）：123-142.

［266］杨慧辉，汪建新，郑月．股权激励、控股股东性质与信贷契约选择［J］．财经研究，2018，44（1）：75-86.

［267］叶陈刚，刘桂春，洪峰．股权激励如何驱动企业研发支出?：基于股权激励异质性的视角［J］．审计与经济研究，2015（3）：12-20.

［268］于忠泊，田高良，齐保垒，等．媒体关注的公司治理机制：基于盈余管理视角的考察［J］．管理世界，2011（9）：127-140.

［269］俞红海，徐龙炳，陈百助．终极控股股东控制权与自由现金流过度投资［J］．经济研究，2010，8（8）：103.

［270］袁知柱，宝乌云塔娜，王书光．股权价值高估、投资者保护与企业应计及真实盈余管理行为选择［J］．南开管理评论，2014，17（5）：136-150.

［271］张晨宇，武剑锋．大股东股权质押加剧了公司信息披露违规吗?［J］．外国经济与管理，2019（2）：1-13.

［272］张光利，刘轶，戚俊峰．银行对公司经营的监督效应研究：基于控股股东掏空行为的视角［J］．财经理论与实践，2015（4）：15-21.

［273］张海平，吕长江．上市公司股权激励与会计政策选择：基于资产减值会计的分析［J］．财经研究，2011，37（7）：60-70.

［274］张娟，李虎，王兵．审计师选择、信号传递和资本结构优化调整：基于中国上市公司的实证分析［J］．审计与经济研究，2010，25（5）：33-39.

［275］张俊瑞，张健光，王丽娜．中国上市公司股权激励效果考察［J］．西安交通大学学报（社会科学版），2009，29（1）：1-5.

［276］张亮亮，黄国良．管理者超额薪酬与资本结构动态调整［J］．财贸研究，2013，24（5）：148-156.

［277］张瑞君，徐鑫，王超恩．大股东股权质押与公司创新［J］．审计

与经济研究，2017（4）：63-73.

［278］张三峰，张伟．融资约束、金融发展与企业雇佣：来自中国企业调查数据的经验证据［J］．金融研究，2016，436（10）：111-126.

［279］张陶勇，陈焰华．股权质押、资金投向与公司绩效：基于我国上市公司控股股东股权质押的经验数据［J］．南京审计学院学报，2014，11（6）：63-70.

［280］张维迎．公司的企业家：契约理论［M］．上海：上海人民出版社，1995.

［281］张维迎．所有制、治理结构及委托：代理关系：兼评崔之元和周其仁的一些观点［J］．经济研究，1996（9）：3-15.

［282］郑国坚，林东杰，林斌．大股东股权质押、占款与公司价值［J］．管理科学学报，2014，17（9）：72-87.

［283］钟宁桦，何佳馨，黄伟．经理人权力与员工工资：来自五百家非上市公司的证据［J］．学术月刊，2017，49（3）：48-60.

［284］周其仁．市场里的公司：一个人力资本与非人力资本的特别合约［J］．经济研究，1996（6）：71-79.

［285］周仁俊，高开娟．大股东控制权对股权激励效果的影响［J］．会计研究，2012（5）：50-58.

［286］周业安，程栩，郭杰．高管背景特征与资本结构动态调整国际比较与中国经验［J］．经济理论与经济管理，2012，32（11）：11-22.

［287］祝继高，陆正飞．融资需求、产权性质与股权融资歧视：基于公司上市问题的研究［J］．南开管理评论，2012，15（4）：141-150.

［288］宗文龙，王玉涛，魏紫．股权激励能留住高管吗?：基于中国证券市场的经验证据［J］．会计研究，2013（9）：58-63.

［289］邹萍，厉国威．法制环境、两权分离与资本结构动态调整［J］．财经论丛，2016（9）：63-71.